El puente

Director de la colección:
ERNESTO GORE

Coordinación editorial:
DÉBORA FEELY

Diseño de tapa:
MVZ ARGENTINA

HÉCTOR D. DEBERNARDO
MARGARITA M. E. HURTADO HERNÁNDEZ

El puente

Mejore los resultados de su empresa
aplicando el pensamiento sistémico

GRANICA

BUENOS AIRES - MÉXICO - SANTIAGO - MONTEVIDEO

© 2006 *by* Ediciones Granica S.A.

BUENOS AIRES   Ediciones Granica S.A.
Lavalle 1634 - 3º G
C1048AAN Buenos Aires, Argentina
Tel.: +5411-4374-1456
Fax: +5411-4373-0669
E-mail: granica.ar@granicaeditor.com

MÉXICO   Ediciones Granica México S.A. de C.V.
Cerrada 1º de Mayo 21
Col. Naucalpan Centro
53000 Naucalpan, México
Tel.: +5255-5360-1010
Fax: +5255-5360-1100
E-mail: granica.mx@granicaeditor.com

SANTIAGO   Ediciones Granica de Chile S.A.
San Francisco 116
Santiago, Chile
E-mail: granica.cl@granicaeditor.com

MONTEVIDEO   Ediciones Granica S.A.
Salto 1212
11200 Montevideo, Uruguay
Tel./Fax: +5982-410-4307
E-mail: granica.uy@granicaeditor.com

www.granica.com

ISBN-10: 950-641-489-0
ISBN-13: 978-950-641-489-4

Hecho el depósito que marca la ley 11.723

Impreso en Argentina. *Printed in Argentina*

Debernardo, Héctor
El puente : mejore los resultados de su empresa aplicando el
pensamiento sistémico / Héctor Debernardo y Margarita
Hurtado Hernández - 1a ed. - Buenos Aires : Granica, 2006.
120 p. ; 15x22 cm.

ISBN 950-641-489-0

1. Empresas. 2. Organizaciones. I. Hurtado Hernández,
Margarita II. Título
CDD 651.3

A quienes siempre están con nosotros,
aunque no estemos junto a ellos.

ÍNDICE

PRÓLOGO

En esta época de cambios vertiginosos, pareciera que la principal cualidad, tanto de las personas como de las organizaciones, es la capacidad de aprendizaje: la cualidad de aprender y de aplicar lo aprendido.

En la modesta medida que me toca, diría que esa cualidad nos une al Dr. Héctor Debernardo y a mí: a ambos nos gusta aprender; ambos intentamos aplicar nuevas nociones en pos de la mejora de organizaciones y de la sociedad; ambos deseamos plasmar esos intentos en libros; y –circunstancia acaso más llamativa– ambos tuvimos, entre otros, los mismos "maestros": el Dr. Russell Ackoff, quien tantos aportes hizo al pensamiento sistémico, el Dr. Michael Jackson, quien "hizo escuela" entre la generación joven desarrollando nuevas aproximaciones, el Dr. Peter Senge, quien amalgamó en sus libros diversas corrientes del enfoque sistémico y las popularizó, y el Dr. Eliyahu Goldratt, quien con sus "novelas pedagógicas" revolucionó ciertos conceptos de la Administración de Empresas.

Héctor y Margarita, su esposa y coautora, han logrado combinar las contribuciones de estos pensadores con ejemplos adaptados a la idiosincrasia latinoamericana, de una manera sumamente eficaz y amena.

A esas dos virtudes se agrega una tercera, que también es de destacar: *El puente* está escrito al "estilo Goldratt", mediante diálogos que permiten una lectura ágil y amena, mas los autores tuvieron el acierto de no seguirlo fielmente. Sucede que hay en la obra de ese original escritor un aspecto que ha merecido crítica y rechazo. Se trata del cariz "absolutista" de algunas de sus afirmaciones, cuando deja el guión "novelado" para desarrollar, de modo que a muchos nos parece exagerado, ciertos conceptos teóricos que le sirven de base. Héctor y Margarita, en cambio, dejan que las nociones teóricas surjan implícitamente de los ejemplos y no caen en las expresiones extremas que han dividido a los lectores de Goldratt en "entusiastas a favor" y "entusiastas en contra".

Es gran mérito de los autores haber generado una obra que, a puro diálogo, presenta técnicas que "en prosa" (queremos decir: en el estilo de la mayoría de los textos) serían de lectura pesada y árida. En esto, como prologuista, me siento hermanado con ellos: mis libros son asimismo casi siempre dialogados.

También en otro aspecto, no menos importante, estamos hermanados: en reconocer la importancia del enfoque sistémico, tanto para nuestra forma de pensar y de entender la complejidad, como para desarrollar mejor el planeamiento y la gestión de las organizaciones.

En síntesis, bienvenida una obra que –al revés de tantas otras– presenta en forma simple asuntos complejos.

Dr. Enrique G. Herrscher
Presidente (2004/2005) de la International Society
for the Systems Sciences y
profesor honorario de la Universidad de Buenos Aires
www.capsis.com.ar

POR QUÉ *EL PUENTE*

El pensamiento sistémico nació hace más de cincuenta años. Sin embargo, aún muy pocas organizaciones en el mundo son gestionadas dentro de este paradigma.

La pregunta que famosos especialistas en el tema tratan de responder es: ¿por qué, si teóricamente puede generar tantos beneficios, es tan difícil que las empresas lo adopten?

En una reciente presentación ante la International Society for the Systems Sciences, el Dr. Russell Ackoff sugirió que una causa principal es que los expertos sólo escriben para ellos mismos, que sus textos no están dirigidos a quienes aplican las herramientas que desarrollan.

Este libro está pensado para los empresarios y para todos aquellos que dirigen organizaciones, sean altos directivos o mandos medios. Su objetivo es servir de **puente entre la teoría y la práctica**, ser una guía útil para quienes más pueden sacar provecho del paradigma sistémico: **los usuarios**.

"*La quinta disciplina* es como la Biblia", nos dijo en una ocasión el director general de un importante grupo empresarial con quien trabajamos y mantenemos una estrecha amistad. Aunque no puede compararse la trascendencia de ambos documentos, aquella frase nos pareció acertada, ya que la obra del Dr. Peter Senge es, en nuestra opinión, de referencia obligada en el ámbito de la Administración de Empresas. Sin embargo, nuestra interpretación inicial perdió validez cuando continuó su razonamiento: –Todo el mundo habla de ella, pero en realidad muy pocos la han leído–. ¡Qué gran verdad!

¿Cómo llegar al lector? ¿Cómo lograr que le interese leer nuestro libro? ¿Cómo mantener su atención hasta la última página?

No hemos sido originales al optar por escribir una novela. La trayectoria del Dr. Eliyahu Goldratt y nuestra experiencia en formación universitaria y capacitación y consultoría empresarial, nos han mostrado que es más fácil crear el **puente entre el autor y el lector** a través de este género.

Todo el contenido de *El puente*, incluyendo las anécdotas y diálogos cotidianos, está basado en situaciones reales. Hemos escogido tres organizaciones muy diferentes entre sí con el objetivo de mostrar la aplicabilidad de estas herramientas en cualquier entorno. Comenzamos con una pequeña empresa que no encuentra la manera de sobrevivir ante la competencia internacional. A continuación nos adentramos en el mundo de las empresas de servicios, cuyos directivos tanto reclaman ser tenidos en cuenta a la hora de mostrar cómo poner metodologías en práctica. Finalmente, abordamos la problemática de una corporación formada por varias unidades de negocios. Esperamos de este modo haber cubierto un amplio espectro de tamaños y tipos de empresas.

Le agradeceríamos, estimado lector, que nos enviara sus comentarios acerca de los resultados que logró aplicando los conceptos de *El puente*.

Dra. Margarita Hurtado Hernández
mhhernandez@alumni.unav.es
Dr. Héctor Debernardo
hdebernardo@alumni.unav.es

"FABRICAR EN ESTE PAÍS NO ES NEGOCIO"

Domingo. Comida familiar en casa de Alberto

Alberto, "el empresario de la familia", está criticando al gobierno nacional.

—Parece que no hay otro tema de conversación —comenta Adriana, su esposa, ya un poco cansada de escuchar lo mismo una y otra vez.

Alberto es de estatura media. Su figura confirma que disfruta del buen comer y beber. Sus manos descubren a una persona que ama el trabajo físico. Todos sus familiares, amigos, colaboradores, clientes y proveedores coinciden en que es difícil que esté en silencio más de unos pocos segundos.

—Y de qué otra cosa voy a hablar, querida. Este gobierno está acabando con la industria nacional. Con estas reglas de juego no hay forma de competir contra los chinos —responde Alberto—. He sido empleado en la industria metalmecánica durante veinticinco años. Hace veinte, fundé la empresa. Cuarenta y cinco años de experiencia y nunca había visto una situación tan grave como la que actualmente vive el país. No hay forma de competir. De hecho, yo mismo estoy importando la mayoría de los productos desde Asia. Hace ya un poco más de un año que casi no fabrico. Me estoy haciendo experto en comercio exterior.

—¿Y cómo te está yendo, tío? —pregunta Daniel, uno de sus jóvenes sobrinos.

–De maravilla –responde Alberto–. El costo promedio de mis productos es $100 si los fabrico, mientras que sólo es $70 cuando los traigo desde Taiwán, puestos ya en mi depósito. ¡Treinta por ciento de diferencia! ¿Cómo puede competir con eso un fabricante local?

–¿No te ha generado nuevos problemas este asunto de la importación de productos desde tan lejos? –vuelve a preguntar Daniel.

–Sí, por supuesto. Los chinos son muy exigentes con los pagos, sólo venden al contado. Además, tuve varios dolores de cabeza al principio, hasta que conocí al agente de aduanas con el que trabajo ahora. Pero el treinta por ciento de diferencia en costos compensa claramente todos estos aspectos –afirma Alberto, muy seguro.

–¿Qué sucedió con los puestos de trabajo que generabas, tío?

Hace varios años que Daniel no sabe mucho de Alberto. Ha estado en el exterior, cursando un doctorado. Ambos tienen reconocimiento familiar, pero por razones diferentes. Alberto es el hombre práctico, emprendedor, conocedor de la vida y de los negocios. Daniel, en cambio, es el académico, el teórico, que prácticamente no ha tenido experiencia empresarial.

–Sigo manteniendo los veinte puestos de trabajo –responde Alberto con orgullo. –No voy a despedir a nadie. Sólo sobre mi cadáver sucedería eso. Casi todos están conmigo desde que inicié esta empresa, son leales y buenos trabajadores.

–Me enorgullece que pienses de esa manera, tío –comenta Daniel. Y añade: –Muchos empresarios con los que he hablado durante estos años sienten igual preocupación por su gente. No entiendo por qué a veces se dice que no se interesan por sus colaboradores.

–¿Has hablado con muchos empresarios durante estos años? ¿No hiciste un doctorado? –Alberto tampoco sabe mucho de las actividades de Daniel.

–Parte de mi actividad consistió en aplicar en las empresas las nuevas herramientas que desarrollé durante mi trabajo de investigación. Fue bastante práctico. Pero claro, siempre dentro del ambiente universitario. No se compara con lo que tú has vivido. Yo quiero aprender de ti.

–Pues, para mí, es una novedad que una universidad se preocupe por mejorar las empresas –dice Alberto, aún sorprendido por el comentario de Daniel.

–Sí, nos preocupábamos bastante por tener "los pies sobre la tierra". Pero volviendo al tema, me quedó una duda: si ya prácticamente no fabricas, ¿entonces qué hace la gente de producción?

–Me están ayudando a construir un nuevo depósito. Ya no tenía espacio para guardar productos terminados. Primero, duplicamos la capacidad del existente. Luego, compré el terreno que está a un lado de la fábrica, y ahora los muchachos están trabajando todo el tiempo para tener el nuevo edificio listo antes de que llegue el próximo embarque desde Taiwán.

–¿Estás ganando dinero?

–¿Ganar dinero en esta coyuntura económica? ¿Es una broma? Estoy apenas por encima del punto de equilibrio desde hace un año –enfatiza Alberto–. Afortunadamente, encontré a estos proveedores de Taiwán, porque de lo contrario hubiera tenido que cerrar la empresa.

–¿Y de dónde salió todo el dinero para comprar el terreno y hacer el nuevo edificio?

–Reservas de la empresa y un crédito bancario. Conseguí una tasa de interés del doce por ciento anual, bastante buena.

"Algo no marcha bien", piensa Daniel. "La empresa tiene cero rentabilidad y Alberto paga doce por ciento de interés por un crédito para hacer un nuevo edificio. ¿Estará pensando que la situación va a mejorar y por ello ha decidido prepararse?"

17

–¿Cómo crees que serán los próximos años para la industria nacional? –pregunta el joven.

–Desgraciadamente, sobrino, no veo salida alguna mientras este gobierno no cambie su política económica. Nos están matando.

Silencio absoluto en la mesa. Daniel recuerda algo que leyó en un libro y dice en voz alta:

–Hace varios años leí una frase que me llamó la atención: "Muchas veces el problema de fondo es creer que la solución a nuestros problemas está fuera de nuestro alcance". No sé si es aplicable en esta situación.

–Quien escribió esa frase no ha vivido en este país, eso es seguro –interviene Rubén, el hijo mayor de Alberto, que trabaja con él en la empresa. Ha heredado el aspecto físico y la iniciativa de su padre. Sin embargo, no comparte totalmente sus gustos. Va a trabajar siempre de traje y rara vez entra a la fábrica. Él se encarga principalmente de las tareas de oficina, de mantener al día "los números" de la empresa.

–Tío, yo estoy recién llegado, tengo tiempo libre y me encantaría aprender de ti. ¿Podríamos analizar juntos y en profundidad esta situación? Quizás encontremos algo interesante.

–Siempre es bueno escuchar otros puntos de vista, Daniel, así que estoy de acuerdo. ¿Por qué no vienes mañana, comemos juntos y dedicamos toda la tarde a "salvar la industria nacional"?

–Claro que sí, tío Alberto. Allí estaré.

–¿Podemos hablar de algún tema que no tenga que ver con la economía? –interviene tía Adriana–. Cuéntame, Daniel, cómo es Europa.

A continuación, todos disfrutaron de unos exquisitos ravioles y postres caseros.

Domingo por la noche. En casa de Daniel y María

—¿Cenamos algo? —pregunta María. Ella y Daniel están casados desde hace tres años.

—¿Cenar? ¿Después de haber estado comiendo desde el mediodía en casa de los tíos? Ya no puedo ingerir un gramo más.

—Yo tampoco. Mejor un té digestivo y a descansar.

—Estoy pensando en qué haré mañana con tío Alberto. No sé si fue buena idea proponerle dedicar la tarde a analizar la situación de su empresa. Quizás él tenga razón. La situación es muy difícil.

—¿Y cuál es el problema de intentarlo?

—No sé. Tío Alberto ha tenido mucho éxito en los negocios... y tiene cuarenta y cinco años de experiencia en esa industria. ¿Qué voy a enseñarle?

—Lo que dices es correcto, Daniel. Por eso la regla *"primero escuchar para luego ser escuchado"* es tan importante. Por otro lado, ambos sabemos que los seres humanos tendemos a acostumbrarnos a una manera de actuar, que es muy útil en ciertas circunstancias, y seguimos operando igual aunque estas hayan cambiado. Quizás a tu tío le esté pasando eso.

—Tienes razón. Veremos qué pasa mañana.

—Lo peor que puede ocurrir es que las cosas sigan igual. En ese caso, habrás compartido una tarde con él y aprendido de su experiencia.

Lunes por la tarde. En la oficina de Alberto

—Cuando fabricabas los aparatos de gimnasia para el hogar, ¿cuánto inventario de producto terminado almacenabas, tío?

—Nada, Daniel. Fabricaba contra pedido. La relación con mis clientes era igual a como es ahora: ellos me hacen la orden en esta semana, y yo les entrego los productos en el transcurso de la próxima. En realidad fabricábamos un aparato completo en menos de un día, pero necesitábamos tiempo para nivelar la carga de trabajo.

–O sea que los clientes están dispuestos a esperarte entre una y dos semanas. Si hoy llega un pedido, tú tienes tiempo hasta el viernes de la próxima semana para entregarlo.

–Sí.

–Además, según me dijiste, como todos los productos consumían prácticamente las mismas materias primas, siempre las tenías disponibles. Por lo tanto, tu tiempo de respuesta era menor al tiempo que los clientes estaban dispuestos a esperar. En consecuencia, no había necesidad de fabricar antes de recibir los pedidos.

–Eso es. Pero ahora necesito tener existencias, porque transcurren ocho semanas desde que hago un pedido a Taiwán hasta que los productos llegan a mis manos. Por eso tenemos como objetivo mantener en stock ocho semanas de producto terminado.

–¿Y cuánto tienes, en realidad?

–Como seis meses de las ventas actuales.

–¿Bajaron mucho las ventas en los últimos meses?

–No. Están estables desde hace un año. El problema es adivinar qué productos me van a pedir los clientes dentro de ocho semanas. Importo cincuenta modelos diferentes y debo decidir, con dos meses de anticipación, cuánto comprar de cada uno de ellos. Para terminar de complicar las cosas, están las ventas por televisión.

–¿Qué tienen que ver las ventas por televisión con la dificultad para predecir la demanda?

–Imagínate, para hacer la explicación bien gráfica, que hoy está de moda la bicicleta estática color blanco, con armazón triangular e instrumentos rojos. Como se está vendiendo, hoy decido comprar cien más. Hago el pedido y la transferencia de dinero correspondiente. Dentro de un mes, aparece en la televisión una bicicleta color verde, trapezoidal y con instrumentos blancos. A partir de ese momento me empiezan a llover pedidos con esas características y debo decirles que no tengo, que llegarán en ocho semanas. Los más leales me esperan, pero los otros no. Así que pierdo ventas, tengo que hacer otro pedido a Taiwán y ya sé que será difícil vender las bicicletas triangulares que vienen en camino. No será sencillo deshacerme de la mayoría de las existencias actuales de producto terminado. Como dice un amigo, "Sería gracioso si no fuera por los muertos".

—Si te causa tantos problemas, ¿por qué sigues importando en vez de fabricar?

—Estás olvidando que el costo total de cada unidad de producto es treinta por ciento menor, mi querido sobrino.

—Tienes razón. Treinta por ciento de diferencia en costos es un argumento muy fuerte, así que supongamos que seguimos importando los productos. ¿Con qué frecuencia pides a Taiwán?

—Una vez al mes.

—¿Cuánto producto terminado tendrías que almacenar si pides cada cuatro semanas y el tiempo de respuesta del proveedor es ocho semanas?

—Como para ocho semanas.

—Generalmente me han dado la misma respuesta, pero en realidad no es necesario tener tanto. Deben existir aproximadamente once semanas en toda la *tubería*.

—¿La tubería?

—Se usa este término debido a la analogía que se hace entre el flujo de productos a través de una cadena de suministro y la distribución domiciliaria de agua. La tubería contiene el inventario en mano, más las compras en curso, menos los compromisos ya contraídos con los clientes. A esto se le suele llamar *posición de inventario*.

—Espera un momento. Explícame qué es cada uno de los términos que usaste.

–El inventario en mano es simplemente lo que actualmente está en tus manos. Las compras en curso son todos aquellos pedidos de productos que has hecho a los proveedores y aún no han llegado. Los compromisos contraídos con los clientes son los pedidos que ellos te hicieron y aún no has satisfecho. Finalmente, la posición de inventario es la cantidad de productos que existen dentro de la tubería y aún no han sido asignados a pedidos de clientes.

–Este cálculo se hace por separado para cada producto, ¿no?

–Así es.

–En definitiva, la posición de inventario es lo que tengo disponible para vender.

–Sí, aunque no necesariamente para entregar de inmediato.

–Entiendo. O sea que para calcular mi posición de inventario, para cada producto, debo saber cuánto tengo actualmente en el depósito, cuánto tengo pedido al proveedor y aún no llegó a mis manos y cuánto me han pedido mis clientes y aún no les entregué. Si la posición de inventario es menor a once semanas, que es el objetivo, entonces debo pedir para llenar la tubería, de lo contrario no debo tomar acción alguna. ¿Por qué once semanas?

–Porque pides cada cuatro, el tiempo de respuesta de tus proveedores es ocho y el tiempo de tolerancia de tus clientes es una.

–Mmm... no, no entendí.

–Si hoy pidieras un lote de un producto y mañana vendieras una de las unidades que tienes en el depósito, ¿cuándo llegaría a tus manos una unidad que reemplace a la que acabas de vender?

– Dentro de ocho semanas.

–No. Pasarán cuatro semanas hasta que pidas nuevamente y otras ocho hasta que llegue el producto. Por lo tanto, tu *plazo de reposición* es doce semanas, la suma de ambos valores. Y dado que puedes entregar a los clientes una semana después de que te han hecho el pedido, sólo necesitas que en la tubería haya stock para satisfacer la demanda de las próximas once semanas.

—Sí, es lógico, sobrino.

—Es interesante que, aunque el proveedor no acepte plazos de entrega menores a ocho semanas ni los clientes estén dispuestos a esperarte más tiempo, tú podrías reducir el inventario requerido en la tubería pidiendo más frecuentemente, por ejemplo cada dos semanas.

—Déjame pensarlo. —Alberto garabatea en un papel y luego de unos minutos retoma la conversación. —De acuerdo. Necesito once semanas en la tubería si pido cada cuatro, pero sólo nueve si pido cada dos semanas.

Daniel se emociona al comprobar que hay un diálogo profesional verdadero entre su tío y él.

—Efectivamente, así es. La siguiente pregunta a responder es cuánto debe ser el inventario en mano.

—Veamos. Si pido cada cuatro semanas, entonces habrá once en la tubería, pero los embarques llegarán cada cuatro. Tendré cuatro semanas en el depósito y siete en curso.

—No estoy seguro. Algo se nos está escapando.

—Mmm... Tienes razón, algo no está bien. ¿Para qué me sirve saber cuánto inventario debe haber en el almacén? Sólo es importante lo que hay en toda la tubería, ¿no es así?

—Eso pensaba hasta hace un instante, pero si todo está en curso y nada en mano, entonces vas a perder ventas aunque la tubería esté llena.

Ambos se quedan pensando. Luego de unos minutos, Alberto comienza a hablar.

—Me parece que estamos mezclando las cosas. En temas de abastecimiento, yo normalmente debo tomar dos tipos de decisiones: compra y aceleración. Lo que hay en la tubería... ¿cómo se llama?

–Posición de inventario.

–Sí, ya se me había olvidado. La comparación entre la posición de inventario y el valor objetivo en la tubería me servirá para decidir cuánto y cuándo comprar cada producto, pero no me servirá para decidir cuándo debo acelerar ni cuánto.

–Ya te entiendo. Necesitas un procedimiento claro para acelerar el abastecimiento con el objetivo de no perder ventas.

–Sí. Yo puedo traer productos de Taiwán por avión y en una semana están aquí. Pero claro, el flete es más caro y por lo tanto el costo unitario aumenta a $85. Pierdo la mitad de mi margen.

–Quizás convenga que normalmente emplees el transporte marítimo y sólo cuando sea necesario traigas unos pocos productos por avión. Debemos encontrar una forma de cuantificar la frase "sólo cuando sea necesario".

–Fácil, sobrino. Debo tomar la decisión de acelerar cuando aún tengo tiempo de hacer algo para evitar quedarme sin producto. Necesitamos diferenciar entre... ya me olvidé el término que usaste... urgentes y normales.

–¡Claro que sí! Ésa es la solución. Tenemos que considerar dos plazos de reposición: *normal* y *urgente*. El plazo de reposición normal nos servirá para definir el *nivel objetivo* en la tubería, mientras que el urgente nos servirá para definir el *punto de aceleración* en el depósito.

–Espera un momento, porque ya no pude seguirte. ¿Cómo queda esto, entonces?

–Para cada producto que comercializas, necesitas tomar dos decisiones relacionadas con el abastecimiento: cuánto y cuándo pedir y cuánto y cuándo acelerar. Con una frecuencia dada, la que establezcas, debes calcular la posición de inventario y pedir la cantidad que necesites para alcanzar el nivel objetivo en la tubería. Por otro lado, con otra frecuencia, también la que tú establezcas, debes comparar las existencias en el depósito con el punto de aceleración, y actuar cuando las primeras sean menores que el segundo.

–Hasta ahí vamos bien. ¿Cómo elijo las frecuencias y defino los niveles objetivo y puntos de aceleración?

–Veamos –responde Daniel–. Si la *frecuencia de revisión para compras* es muy pequeña, digamos una vez al día, entonces sólo necesitarás siete semanas de nivel objetivo en la tubería.

–Sí, pero estaría haciendo pedidos muy pequeños y no llenaría un contenedor. Se incrementarían los costos y además sería demasiado trabajo administrativo.

–¿Demasiado trabajo administrativo? ¿No tienes los inventarios, las compras en curso y los pedidos por satisfacer en la base de datos? Lo único que debes hacer es introducir en un archivo los niveles objetivo para cada producto, calcular las posiciones de inventario con un programa simple y hacer las diferencias.

–De acuerdo, pero de todos modos no puedo estar pidiendo tan frecuentemente. Los chinos no lo van a aceptar.

–¿Qué no van a aceptar los chinos? ¿Que pidas una unidad de cada producto, o que la suma de productos en cada pedido sea muy pequeña?

–Buena pregunta. En realidad no sé. Tengo que preguntarles.

–Mira, si te exigen un lote mínimo por cada producto, entonces tenemos que incorporar este factor en la toma de decisión sobre cuánto y cuándo pedir. Si te exigen un lote mínimo del total que pides, por ejemplo un contenedor completo, independientemente de cuántas unidades sean de cada producto, entonces sólo debemos asegurarnos de que la suma de unidades sea igual o mayor a ese valor.

–Me gusta. Voy a investigarlo.

–Independientemente de su respuesta, puedes calcular las posiciones de inventario todos los días y sólo pedir cuando se cumplan sus condiciones. Si te exigen lote mínimo individual, entonces encargarás un producto cuando la diferencia entre el nivel objetivo y la posición de inventario sea mayor que el lote mínimo. Si, en cambio, te exigen un mínimo de unidades totales, entonces pedirás cuando la suma de las diferencias entre los niveles objetivo y las posiciones de stock sea mayor a ese mínimo.

—¿Dónde aprendiste estas cosas? —pregunta Alberto.

—¿Qué cosas?

—Lo que estamos hablando desde la comida.

—Durante el doctorado. Y como ves, no es tecnología espacial. Es sólo cuestión de identificar la estructura del sistema y sobre esa base establecer reglas de decisión que le permitan alcanzar el objetivo para el que fue creado —se entusiasma Daniel.

Alberto se queda mirándolo. Luego de unos instantes dice:

—Varias veces me has dicho esa última frase y sigo sin entender qué demonios significa.

—En la práctica, tío, es lo que estamos haciendo ahora. Existen una teoría (*Teoría General de Sistemas*), y métodos bien definidos basados en ella que ayudan a tomar decisiones. Me encanta hablar del tema, pero si comienzo ahora, nos vamos a desviar demasiado. ¿Qué te parece si ahora nos concentramos en tu empresa y otro día exploramos los fundamentos teóricos?

—De acuerdo. Estábamos en... Ah, sí, las decisiones de compra. Bueno, creo que el mecanismo ya está claro.

—Como la frecuencia de revisión para compras es de una vez al día, el plazo de entrega de los chinos es ocho semanas y el tiempo de tolerancia de los clientes es una semana, entonces los niveles objetivo deben ser de siete semanas de ventas para cada producto y...

—Me parece que te equivocas, sobrino.

—¿Por qué?

—La frecuencia de revisión es una vez al día, pero yo no pediré todos los días todos los productos. El tiempo entre pedidos dependerá de la demanda y de los lotes mínimos individuales y totales que me exijan los proveedores. Pediré una vez cada cuatro semanas algunos modelos, otros quizás una vez por semana.

–Tío Alberto, siempre dije que eres un genio. ¡Tienes razón! Cómo no me di cuenta antes. –Daniel se queda mirando hacia el horizonte–. ¡Claro! –exclama al fin–. Los proveedores de las otras empresas que estuve asesorando no tenían políticas de lotes mínimos. ¡Cómo cuesta tener la disciplina de verificar la validez de los *supuestos* en los que se basa un método antes de aplicarlo!

–Pues tu tío genio volvió a perderte la pista.

–No importa. También es tema para nuestra conversación teórica. Sigamos con tu empresa. –Reflexiona unos instantes y recomienza: –¿Cómo podríamos estimar la frecuencia entre pedidos de cada producto? Deberíamos conocer las políticas de los proveedores chinos y tener una estimación de la demanda futura. Podría introducir estos datos en mi modelo de simulación y así obtendríamos un valor bastante aproximado. Lo haría durante la semana, tío, siempre y cuando los chinos te respondan pronto. Sin embargo, probablemente no sea necesario tanto cálculo dada tu gran experiencia. Por ejemplo, ¿cuántas semanas tardas en vender un contenedor?

–Más o menos dos. Y, si bien voy a verificarlo, estoy casi seguro de que a los chinos les interesa que les compre como mínimo un contenedor, no importa cuánto sea de cada producto. Son modelos estándar, que venden a muchos clientes de todo el mundo.

–Haré la simulación una vez que tengamos sus políticas de venta. Mientras tanto, si te parece bien, consideraremos que la frecuencia entre pedidos es dos semanas y, por lo tanto, que el nivel objetivo es nueve semanas para cada producto. ¿Pasamos a las decisiones de aceleración?

Alberto comienza:

–Bien. Aquí también hay que determinar *cuánto* y *cuándo*. Es muy parecido a las decisiones de compra. Todos los días debo comparar, producto a producto, el inventario en el depósito con el punto de aceleración. Debo actuar cuando el primero es menor que el segundo. Como en situaciones urgentes puedo tener los productos en menos de dos semanas en mis manos, usaré un punto de aceleración equivalente a la demanda durante ese intervalo. Me queda la duda de qué cantidad traer.

–Hay variantes y, en realidad, cada empresa tiene sus particularidades. Conozco dos maneras de acelerar. Una es haciendo que llegue más rápidamente una compra ya realizada. La otra es comprar con urgencia. A veces se puede hacer lo primero, pero otras veces no. Por ejemplo, si el pedido ya está en el barco camino hacia aquí, nada puedes hacer para que llegue antes. En ese caso tendrás que hacer una compra urgente y traerla por avión.

–Sí, y en ocasiones ni siquiera será necesario acelerar, aunque el inventario en mano esté por debajo del mínimo. Cuando un pedido ya llegó al puerto, por ejemplo, sé que en tres días estará en mi poder.

–Correcto. Entonces, ¿cuál es la regla genérica?

–Debo acelerar la cantidad que necesite para satisfacer la demanda hasta que llegue el próximo embarque normal. Qué interesante. Esta regla incluye el caso del embarque ya llegado al puerto: como el punto de aceleración es dos semanas de demanda y en tres días llegarán los productos, entonces no hay necesidad de actuar.

–Perfecto. Creo que ya tenemos todas las reglas de decisión para que el sistema alcance su objetivo de una manera más rentable –afirma Daniel.

–¿Cuál es el objetivo?

–¡Qué pregunta! Toda empresa con fines de lucro tiene, a mi entender, el mismo, que es ganar cada vez más dinero. Sin embargo, debemos ser más precisos para no desenfocarnos. En este sentido, me parece importante definir el objetivo con relación a la misión de la organización.

–Siguiendo tu razonamiento, el de nuestro sistema es generar cada vez más dinero a través de la entrega de los productos terminados dentro del tiempo de tolerancia del cliente, independientemente del nivel de demanda que exista, ¿no?

–Me parece una buena definición.

–¿Y qué hay de la rentabilidad?

–Una vez establecido el objetivo, debemos encontrar la manera de alcanzarlo con mínimos gastos e inversión.

–Primero el *para qué*, y luego el *cómo*. ¿Por qué los separas?

–Porque de lo contrario las empresas tienden más a reducir gastos que a alcanzar el objetivo y, en consecuencia, suelen perder el rumbo.

–Pues si así son las cosas, aún no hemos terminado, Daniel. Falta algo.

–¿Falta algo?

–La demanda. El impacto de las ventas por televisión.

–¡Los cambios repentinos en los gustos de los consumidores! Tienes razón, tío Alberto. Si son tan abruptos como me comentaste, no importa lo bien que estemos operando el sistema, será casi imposible alcanzar el objetivo.

–Exactamente.

–Me parece que necesitaremos dedicarle bastante tiempo a este asunto y ya estamos un poco cansados. ¿Te parece que nos reunamos otro día?

–Buena idea. Ya no puedo seguir pensando. Aún hace calor. Vamos a disfrutar de unas cervezas bien frías.

Martes por la noche. En casa de María y Daniel

–¿Otra vez preocupado? ¿No me dijiste que tío Alberto quedó feliz ayer? ¿No llegaron a algo muy bueno?

–Ambos estábamos muy entusiasmados. Pero el problema de los cambios abruptos en la demanda no permitirá que el sistema funcione.

–¿Cambios abruptos en la demanda?

Daniel explica a María cómo la televisión influye en los gustos de los consumidores y cómo eso afecta la sincronización entre demanda y abastecimiento.

–Siendo así las cosas, los niveles objetivo dejarán de ser válidos con demasiada rapidez, ya que la demanda durante nueve semanas puede variar significativamente –concluye Daniel.

–Es un mercado de modas. No me lo hubiera imaginado.

–Todo el trabajo de ayer por la tarde no sirve de nada.

–No tan rápido, Daniel. Ayer por la tarde Alberto y tú trabajaron en equipo, ambos afianzaron un mutuo respeto profesional. Eso es muy importante.

–Sí, pero ahora mi tío va a volver a pensar que lo que aprendí es muy teórico, que no sirve en la "vida real".

–Lo que hablaron ayer sigue siendo útil. Sólo que seguramente van a tener que usarlo en el abastecimiento de materias primas.

–¿De qué estás hablando?

–Si tío Alberto tiene este problema con la demanda, todos los pequeños importadores también lo viven. Sólo los "grandes jugadores" poseen la fuerza necesaria para marcar tendencias en el mercado. Alberto quiere competir imitándolos dentro de sus posibilidades. Nunca va a ganar con esa estrategia. ¿Qué elementos diferenciadores tiene él? En cambio, si volviera a fabricar...

–Ayer, en algún momento de la reunión, hablamos del tema. Estoy de acuerdo contigo. Si él fabricara, no necesitaría almacenar producto terminado, sólo tendría reservas de materias primas y el dinero amarrado en compras en curso se reduciría significativamente. Como, salvo algunas excepciones, las materias primas son comunes a todos los productos, podría seguir los cambios en la demanda sin dificultades. Fabricaría sólo lo ya vendido.

–¿Cuánto dinero tiene ahora comprometido en inventarios y compras en curso?

–Como un millón de dólares.

–El crédito que pidió en el banco es la quinta parte. Podría pagarlo inmediatamente si liberara todo ese capital de trabajo.

–Estoy de acuerdo contigo, María. Pero ¿cómo lo convenzo?

Ambos se quedan pensando.

–¡Ya sé! –dice Daniel–. ¿Dónde quedó aquel libro sobre *pensamiento sistémico*?

Jueves por la tarde. En la oficina de Alberto

–¿Cómo estás, Daniel? –saluda Alberto.

–Hola, primo –dice Rubén, estrechando la mano de Daniel. Los dos están entusiasmados.

–¿Cómo va todo?

–Muy bien. Rubén y yo calculamos los niveles objetivo y puntos de aceleración de todos los productos. Los hemos comparado con las posiciones de inventario y valores en mano. Estábamos bastante mal, así que corregimos todo lo que pudimos.

–Sí –asiente Rubén–. En ciertos productos tenemos en el depósito más que el nivel objetivo y además había compras en curso. Así que llamamos a los chinos y les preguntamos qué podíamos cancelar. Nos dijeron que todo aquello que aún no se había embarcado podía cancelarse, pero que no nos devolverían el dinero, sino que quedaría un crédito a nuestro favor. En otros productos teníamos una posición de inventario menor que el nivel objetivo, así que pedimos lo que faltaba. De ese modo equilibramos las existencias en la tubería sin necesidad de desembolsar más dinero.

"Nadie puede decir que Alberto y Rubén no tienen empuje", piensa Daniel. "¿Cómo les digo que deberían fabricar en vez de importar?"

–Tuvimos que acelerar algunos pocos productos. Afortunadamente los embarques están llegando a puerto, así que contratamos el servicio express de descarga, trámites de aduana y transporte hasta nuestra fábrica –añade Alberto.

"Qué hago, ¡qué hago!", piensa, angustiado, Daniel.

–La mala noticia es que casi la mitad de nuestro stock es de productos que no hemos vendido desde hace más de seis meses.

–¿Y qué pasó con el análisis que íbamos a hacer de los cambios abruptos en la demanda?, pregunta Daniel.

–Dedicaremos la tarde a ese tema, ¿no? –interviene Rubén–. Mientras tanto, hemos avanzado en lo que podíamos. Qué buenas ideas, Daniel.

–Me encantaría decir que son ideas mías, pero no es así. Muchos autores han escrito sobre cómo administrar una cadena de abastecimiento, aunque no todos siguen el *enfoque sistémico*.

–Lo que sea, primo. El hecho es que así va a funcionar muy bien nuestra empresa.

–No estoy seguro –se atreve Daniel.

–¿Por qué? –pregunta Alberto.

–Si no eliminamos los cambios tan abruptos en la demanda, de nada servirá ajustarse a los niveles objetivo. Estos deberán modificarse cada vez que cambie la demanda.

–No, primo, no es así. Siempre debe haber nueve semanas.

–¿Nueve semanas de qué?

–¿Cómo que nueve semanas de qué?

–De demanda –afirma Alberto–. Daniel tiene razón. De

nada sirve este esquema si no resolvemos primero el otro asunto.

—Y me temo que no encuentro la forma de hacerlo –dice Daniel, preocupado.

Luego de unos minutos de silencio, Daniel les explica lo que había hablado con María el martes por la noche. Afirma que, dado que la empresa es muy pequeña, difícilmente podrá marcar tendencias y que desde que comenzaron a importar están a merced de los "grandes jugadores" del mercado.

—El lunes definimos cómo hacer bien las cosas que actualmente hacemos, pero no nos preguntamos si es correcto lo que estamos haciendo. Debimos haber comenzado por ahí. –Con esas palabras, Daniel logra captar la atención de ambos.

—No es lo mismo "avanzar" que tener "sensación de movimiento", ¿eh? –sonríe Rubén.

Daniel respira hondo y dice: –¿Qué pasaría si dejaran de importar y volvieran a fabricar?

—¡Otra vez con ese tema! –reacciona Alberto–. Me encantaría. Pero hay un treinta por ciento de diferencia de costo. Quebraría en menos de un año.

—Me parece que es al revés. Es más fácil que quiebren si siguen así, en cambio si vuelven a fabricar creo que podrían ganar mucho dinero.

—¿De qué estás hablando? –pregunta Rubén.

Pero Alberto se queda en silencio unos segundos, y luego dice:

—Te doy el beneficio de la duda. A ver, pruébamelo.

—Hice unos cálculos sencillos. La principal razón para importar los productos es que cuesta en promedio treinta por ciento menos que fabricarlos aquí. Me dijeron que el costo total de un producto fabricado aquí es aproximadamente $100. ¿Cuánto de ese total es lo que pagan por las materias primas y energía?

–Entre cincuenta y sesenta por ciento.

–Es decir, que de materias primas y energía gastas entre \$50 y \$60 por unidad. Como todos tus otros gastos son iguales sea que decidas importar o fabricar, entonces fabricando reducirás tus egresos de dinero.

Ambos están intrigados.

–En la comida del domingo dijiste que sólo sobre tu cadáver se reduciría la cantidad de personas de tu empresa. Eso significa que sigues pagando los mismos sueldos, fabriques o importes. El edificio es tuyo. ¿Qué gasto se reduce cuando importas?

–Visto así, ninguno –confirma Alberto.

–Sin embargo, cuando importas productos pagas \$70 por unidad mientras que cuando fabricas gastas \$60.

–No. Te olvidas de la mano de obra.

–¿No me acabas de decir que sigues pagando los mismos sueldos?

–Sí, pero...

–La empresa paga siempre los mismos sueldos, papá. La diferencia está en las actividades de la gente. O fabrican productos, o construyen el edificio de al lado. Creo que a eso se refiere Daniel.

–Así es. Si estamos de acuerdo hasta aquí, entonces cuando importas estás dejando de ganar \$10 por cada producto que vendes. Como ahora estás en el punto de equilibrio, automáticamente comenzarás a ganar dinero. Si vendes mil unidades por mes, ganarás \$10.000 mensuales. En veinte meses pagarías el crédito que te dio el banco para construir el nuevo depósito.

–Tiene sentido, pero nuestro sistema de costos sugiere otra cosa –insiste Alberto.

–Si quieres, luego vemos ese tema. Concentrémonos ahora en lo que sucedería si decidieran fabricar en el país.

–Bien, de acuerdo.

–¿Cuánto dinero tienes actualmente en stock y compras en curso?

–Como un millón de dólares –contesta rápidamente Rubén.

–Si decidieran fabricar en el país, ya no necesitarían ese capital de trabajo. Liberarían un millón de dólares. En realidad un poco menos, porque necesitarían tener materias primas. Pagarían inmediatamente el crédito con el banco y tendrían dinero en efectivo para invertirlo donde quisieran.

–Lo más interesante de todo –continúa Daniel–, es que podrían seguir diariamente la demanda, sin necesidad de tener que adivinar qué se va a vender dentro de varias semanas.

–Podría mirar la televisión todo el día. En cuanto alguien comienza a hacer publicidad de un aparato nuevo, yo diseño algo equivalente y lo lanzo al mercado. De ese modo, las empresas de ventas por televisión dejarían de ser un dolor de cabeza y se transformarían en algo útil para mis intereses.

–Sí, papá, y como la tecnología es estándar y los diseños fácilmente modificables, no tendremos problemas de patentes. De hecho, algunos competidores han copiado productos nuestros y nada pudimos hacer para impedirlo.

–La empresa tiene una marca propia y menos del uno por ciento de participación de mercado. Si se duplicaran las ventas, llegaría al dos por ciento. Los "grandes jugadores" ni siquiera se van a preocupar por ustedes –concluye Daniel.

–Espera un momento. Cuando algo parece demasiado fácil... –duda Rubén.

–Es así de fácil. La clave está en aprovechar la velocidad de respuesta al mercado. Es una habilidad que ustedes tienen pero los "grandes", no. Cuando importan los productos, entran en su juego y no tienen ninguna posibilidad de ganar. Cuando fabrican, usan la fuerza de ellos en su beneficio. Es como en el judo.

–No entiendo bien –dice Rubén–. Los "grandes" van a

seguir marcando la tendencia y por lo tanto la demanda va a seguir cambiando mucho. ¿Cuál es la ventaja?

–El problema actual no es que la demanda varía mucho, sino la combinación de tres factores: que la demanda varía mucho, que el tiempo de respuesta de los proveedores es de ocho semanas y que tenemos que pronosticar la venta a nivel de producto terminado. Al decidir fabricar en el país, los dos últimos factores desaparecen. –Daniel se detiene para dejar que reflexionen.

–El tiempo de respuesta de mi proveedor de materias primas es dos semanas. Mis clientes están dispuestos a esperar entre una y dos semanas. Aunque no necesite tener existencias de producto terminado, sí necesitaré tener materias primas. Por lo tanto los pronósticos también nos van a perjudicar. –Rubén está interesado, pero sigue detectando problemas potenciales.

–Es cierto. Sin embargo, dado que la mayoría de los productos requieren de las mismas materias primas, la variabilidad de los pronósticos es mucho menor que la que existe a nivel de producto terminado.

–Si vendemos mil unidades mensuales –opina Alberto–, el consumo de cada tipo de tubo es prácticamente independiente de la mezcla de modelos. Si fabricamos, sólo haremos pronósticos a nivel de materias primas, ¿no?

–Correcto. Y *los pronósticos son más precisos cuanto mayor sea el nivel de agregación de la demanda y cuanto más cercano en el futuro esté aquello que queremos estimar* –concluye Daniel. Hace una breve pausa y añade: –Por ejemplo, tiene menos probabilidad de error el pronóstico acerca de la demanda de la semana próxima que el correspondiente a la misma semana del próximo año.

–¿Y qué pasa con los materiales y componentes que son exclusivos para un producto?

"Rubén es especialista en encontrar 'peros'", piensa Daniel.

–Una alternativa es reemplazar esos materiales y componentes por otros que sean usados en varios productos –sugiere Alberto, entusiasmado.

–Se nos van a disparar los costos.

–¿Estás seguro, Rubén? –pregunta Daniel–. ¿Reemplazar unos materiales por otros más resistentes y caros aumenta los gastos de la empresa, o los costos unitarios de los productos?

–¿Hay alguna diferencia?

–Sigo sin entender por qué nuestro sistema de costos indica que conviene traer los productos de Taiwán en vez de fabricarlos –interrumpe Alberto.

–Ambas dudas son parte del mismo problema de fondo. Me llevaría un poco de tiempo explicarlo y necesitaría de toda su atención y paciencia. ¿Qué les parece si nos volvemos a reunir el sábado por la mañana?

–De acuerdo.

–Mira a dónde nos ha llevado la comida familiar del domingo. Estamos redefiniendo la estrategia de la empresa. El tema es delicado. Quiero estar seguro del rumbo que elegiré. Mucha gente depende de ello.

Jueves por la noche. En casa de María y Daniel

–¿Y si nos vamos de paseo este fin de semana? –pregunta María–. Aquel pueblito que visitamos el año pasado es precioso. No puedo recordar su nombre.

–El sábado por la mañana voy a reunirme con Alberto y Rubén.

–Alberto no ha cambiado. Para él la empresa es su vida. Sólo los disgustos de tía Adriana ponen límite a su dedicación.

–Yo propuse la fecha.

–¿Tú propusiste que se reunieran un sábado por la

mañana? ¿Por qué no sugeriste el lunes o martes? –María está molesta.

–Alberto y Rubén no están convencidos de la solución que desarrollamos. Me pareció importante concluir esta semana, y mañana ellos están muy ocupados.

–Daniel, ¿no hablas de la importancia de equilibrar el trabajo con la vida privada en las capacitaciones que das a empresas?

–Sí, pero...

–Pero... ¿qué? No me digas que es sólo por esta vez. Eres así desde que te conozco. Te entusiasmas con un tema y no lo dejas hasta que queda bien resuelto. Me encanta que tengas tal nivel de compromiso, pero me disgusta que sacrifiques descanso y tiempo juntos por cuestiones laborales que no son urgentes.

–Esto es urgente.

–Es urgente en tu cabeza. Eres demasiado ansioso. La empresa de Alberto sobrevivirá varios meses aunque no los convenzas esta semana. ¿Por qué no les das tiempo para que asimilen lo que hablaron hoy?

Daniel se queda en silencio unos segundos. –Tienes razón en ambas cosas. Las personas necesitamos tiempo para asimilar ideas nuevas y mi ansiedad a veces es contraproducente.

–Contraproducente para ellos y también para ti. Mira, ahora tu esposa está enojada.

–Está bien. Voy a llamarlos para sugerirles otra fecha. ¿Me ayudarías a planificar la próxima reunión? No voy a disfrutar del viaje si no tengo claro cómo avanzar.

–¿Me estás chantajeando?

–Sólo un poquito –sonríe Daniel.

María también sonríe. –¿Fin de semana en aquel pueblito?

–Hecho.

Se abrazan unos segundos. Luego se sientan y Daniel comienza a contarle lo sucedido por la tarde.

—La solución quedó bien sencilla. Almacenarán materias primas, mirarán la televisión y consultarán revistas a fin de identificar tendencias, y fabricarán sólo lo vendido. Nada más. Antes de comenzar a fabricar un nuevo modelo, tío Alberto analizará si alguno de los obsoletos puede ser modificado para parecerse a los que ahora están de moda. Ya no comprarán a los chinos, aunque queda por resolver qué pasará con el crédito que tienen a favor.

—¿Y de qué no están convencidos?

—Hay una contradicción entre el análisis que hicimos juntos y lo que sugiere su sistema de costos. Deciden basándose en un sistema de costeo por absorción, que como sabemos responde al *pensamiento cartesiano*. ¿Cómo les demuestro que ese es el problema de fondo? Usan un *paradigma* que fue muy útil durante más de la mitad del siglo XX, pero que actualmente es el causante de innumerables decisiones erróneas en las organizaciones.

—¿Por qué no les presentas el ejercicio que diseñaste para mostrar esta situación a tus alumnos de la universidad?

—Temo que se aburran y dejen de escucharme.

—Rubén es licenciado en Administración. Está acostumbrado a analizar conceptos mediante actividades de ese tipo. Alberto quiere, aunque se necesite tiempo, entender bien lo que sucede.

—Quizás el problema sea cómo usar el ejercicio. Si me concentro en la importancia de identificar *supuestos ocultos* va a ser entretenido para ellos y llegaremos de manera natural a demostrar por qué falla su sistema de costos. —Daniel está más tranquilo.

—¿Revisamos el itinerario para este fin de semana? —pregunta María.

Lunes por la tarde. En la oficina de Alberto

Llega Daniel a la empresa. Rubén y Alberto ya están allí. Se saludan afectuosamente.

Alberto avisa a su secretaria que no estará disponible para nadie durante el resto del día.

Padre e hijo tienen sentimientos contradictorios. Por un lado, perciben que han encontrado la forma de hacer un gran negocio fabricando en el país. Por otro, tienen la sensación de que están olvidando considerar algo muy importante.

–¿Comenzamos? –pregunta Daniel.

–Adelante, primo. Estamos ansiosos por entender qué pasa.

–Supongamos que tenemos una empresa muy simple –dice Daniel, y empieza a dibujar–. El proceso de fabricación requiere de Aníbal y Silvina, quienes no son intercambiables, trabajan ocho horas por día veinte días al mes, son totalmente obedientes y no pierden tiempo en tareas no productivas ni personales, nunca faltan al trabajo y cada uno de ellos cuesta a la empresa $1.500 por mes.

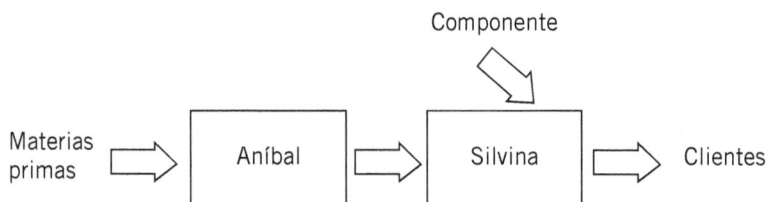

Figura 1. El proceso productivo que dibujó Daniel

–¿Vamos bien hasta ahora?

Ambos asienten.

–Esta empresa fabrica tres productos: W, X y Z. La tabla 1 que les entregué muestra los datos relevantes de cada uno. Aníbal necesita realizar una operación de cinco minutos y Silvina otra de diez para fabricar una unidad de W. En el caso de X, Aníbal necesita realizar una operación de cinco minutos y Silvina una de veinte. Finalmente, Aníbal necesita veinte minutos y Silvina ocho para fabricar una unidad de Z. Dado que son trabajos manuales, ni Aníbal ni Silvina necesitan tiempos de puesta a punto entre lotes de diferentes productos.

Tabla 1. Datos relevantes sobre productos y procesos

	Producto W	Producto X	Producto Z
Demanda mensual (unidades)	100	400	250
Precio de venta ($ / unidad)	25	30	27
Costo materia prima ($ / unidad)	15	15	15
Costo componente ($ / unidad)	–	–	2
Tiempo de Aníbal (minutos / unidad)	5	5	20
Tiempo de Silvina (minutos / unidad)	10	20	8

–Los tres productos –continúa Daniel después que Alberto y Rubén han verificado lo dicho en la tabla– requieren la misma materia prima en iguales cantidades. Gastamos $15 en materia prima por cada unidad de W, X o Z que fabricamos. Para Z se necesita, además, una unidad de un componente que se compra a otro proveedor a $2. Afortunadamente, nuestros proveedores son capaces de entregar en el acto toda la materia prima y componentes que necesitemos. La demanda mensual del producto W es cien unidades. Esto significa que si fabricamos ciento diez en un mes, quedarán diez en el depósito, porque no podremos venderlas. El precio de venta de W es $25 por unidad. Como nuestro ejemplo es totalmente ideal, los clientes pagan al contado, no piden descuento y nunca cambian de idea.

–¿Y los otros productos?

–Con el producto X ocurre exactamente lo mismo, sólo que la demanda mensual es cuatrocientas unidades, y el precio de venta es $30 por unidad. Tampoco cambia la situación con el producto Z. La demanda mensual es de doscientas cincuenta unidades, el precio de venta es $27 por unidad, y los clientes se comportan siempre igual.

–¿Qué otros gastos tiene la empresa de tu ejemplo?

–Debe pagar $4.500 a fin de mes en concepto de renta del local, cuota de un crédito y sueldos del personal administrativo y del gerente general, que es el dueño, además de los $3.000 que suman los sueldos de Aníbal y Silvina. Es decir que, independientemente de qué produzca y venda, tiene un gasto fijo total de $7.500 por mes. ¿Está claro?

–Sí, pero la vida real es muy diferente... –comenta Rubén.

–Vamos a realizar este ejercicio. Sacaremos conclusiones y luego haremos la conexión con la vida real. Necesito que tengan un poco de paciencia. Lo importante es que cada paso esté bien claro –indica Daniel, y continúa: –El dueño quiere saber cuál es la utilidad neta máxima que se puede obtener en un mes. ¿De acuerdo? Bien, entonces adelante. Tómense unos minutos para pensarlo.

Entra la secretaria de Alberto con refrescos. Es verano y las tardes en la ciudad son bastante calurosas.

Minutos después, cuando Daniel les pide que expliquen qué hicieron, comienza Alberto.

–Teniendo en cuenta que se pueden vender cien W, cuatrocientos X y doscientos cincuenta Z, la utilidad neta de la empresa será de $2.000. Estos son los cálculos.

Alberto muestra la tabla 2.

Tabla 2. Primeros cálculos de Alberto y Rubén

Ingresos por W ($)	2.500	(100 unid. x $25/unid.)
Ingresos por X ($)	12.000	(400 unid. x $30/unid.)
Ingresos por Z ($)	6.750	(250 unid. x $27/unid.)
Ingreso total ($)	21.250	
Materiales para W ($)	– 1.500	(100 unid. x $15/unid.)
Materiales para X ($)	– 6.000	(400 unid. x $15/unid.)
Materiales para Z ($)	– 4.250	(250 unid. x $17/unid.)
Todos los otros gastos ($)	– 7.500	
Utilidad neta ($)	**2.000**	

–Muy bien. ¿A qué conclusión llegaste tú, Rubén? –pregunta Daniel.

–La misma: la empresa ganará $2.000.

–Perfecto. Aquí vamos a entrar en un tema muy importante. Las personas tomamos decisiones siempre basándonos en suposiciones. Si lo que suponemos es correcto y el proceso deductivo también, entonces la decisión será buena. Pero si alguna de las suposiciones es errada, entonces la decisión puede estar equivocada, aunque el proceso deductivo haya sido excelente.

Las expresiones de los rostros de Alberto y Rubén muestran que no acaban de entender a qué se refiere Daniel.

–Los cálculos que ustedes hicieron se basan en algunos supuestos. Uno de ellos es que la empresa tiene capacidad de producir todo lo que el mercado está dispuesto a comprar. Los cálculos son correctos sólo si ese supuesto responde a la realidad. Veamos la siguiente tabla. –Daniel muestra la tabla 3 y explica: –Aquí está la carga de trabajo sobre Aníbal y Silvina cuando intentamos satisfacer toda la demanda. La capacidad de cada uno es 9.600 minutos al mes, ya que trabajan ocho horas por día durante veinte días.

Tabla 3. Necesidad de recursos para producir lo que el mercado
está dispuesto a comprar

	W (Minutos totales)	X (Minutos totales)	Z (Minutos totales)	Carga total (Minutos)	Capacidad (Minutos)
Aníbal	500	2.000	5.000	7.500	9.600
Silvina	1.000	8.000	2.000	11.000	9.600

–¿Cómo? ¿Mides la capacidad en unidades de tiempo? ¿No debería ser en unidades de velocidad?

–La capacidad de un recurso es el tiempo que tiene disponible para producir. La velocidad varía según el producto que se fabrique y, por lo tanto, es un dato necesario para traducir la demanda a tiempo de recursos. Se requiere para calcular cargas, no capacidades –afirma Daniel.

–Tienes razón –acepta Alberto–. Mis colaboradores tienen tiempo disponible para la empresa, y las tareas que les asigno definen su carga de trabajo. La tabla que nos mostraste está clara. Por ejemplo, para fabricar cuatrocientas unidades de X, se necesitan 2.000 minutos de Aníbal (cuatrocientas veces cinco minutos) y 8.000 minutos de Silvina (cuatrocientas veces veinte minutos).

Así es –continúa Daniel–. Como pueden observar, la carga de trabajo sobre Silvina es mayor que su capacidad de producción. Silvina no puede producir todo lo que el mercado está dispuesto a comprar. Como consecuencia, el cálculo de utilidad neta de la tabla 2 es incorrecto, ya que está basado en un supuesto equivocado.

–Sí, pero podemos hacer horas extra hasta que cumplamos con toda la demanda –opina Rubén.

–Es una opción –dice Daniel–. Pero si esa hubiera sido la decisión, entonces deberían haber aumentado el importe de mano de obra, porque deben pagar esas horas, ¿no?

–También podríamos hacer que Aníbal ayude a Silvina

en su trabajo y así satisfacer toda la demanda sin necesidad de horas extra –interviene Alberto.

–Hay muchas formas de satisfacer la demanda. Una es la que sugiere Rubén, otra es la que tú propones, tío. Sin embargo, el objetivo del ejercicio no es encontrar la forma de satisfacer toda la demanda, sino reconocer que muchas veces, e inconscientemente, basamos nuestras conclusiones en suposiciones erróneas y, por lo tanto, tomamos decisiones incorrectas.

–Me queda claro.

–A mí también. Sigamos adelante.

–Al no tener capacidad de producción suficiente para responder a toda la demanda, debemos hacer una elección –continúa Daniel–. ¿Cuál es la mezcla de productos que maximiza la utilidad de la empresa? ¿Conviene fabricar todos los X que podamos vender, con el tiempo restante todos los Z posibles y finalmente los W que podamos? ¿Será mejor otra combinación?

–Si un producto es más rentable que otro –pregunta Alberto–, ¿por qué dejaría de fabricar una unidad de ese para hacer una adicional del otro? Tenemos que encontrar el producto más rentable y fabricar todo lo que pide el mercado. Luego, si sobra capacidad, producir lo que podamos del siguiente más rentable, y así hasta completar la capacidad disponible.

–El menos rentable es, sin duda, Z –responde Rubén.

–¿Cómo lo sabes? –pregunta Daniel.

–Fácil. Mira la tabla 1: Z se vende más barato que X y consume más materiales y mano de obra. Dado que Aníbal y Silvina tienen el mismo costo por minuto, mayor consumo de mano de obra significa mayores costos. Comparándolo con W, Z también consume más materiales y casi el doble de mano de obra. El mayor precio de venta sólo compensa el mayor consumo de materiales. No se necesita hacer más cálculos: el margen de Z es el menor de todos.

–Coincido con Rubén. Es un análisis de costos muy simple –concuerda Alberto–. Claro que aquí es fácil, porque el ejemplo es sencillo. Pero en la realidad...

–Según sus cálculos, entonces, Z es el menos rentable, dado que tiene menor margen –resume Daniel.

–Sí. Por lo tanto, conviene fabricar todas las unidades de W y X, que demandan 9.000 minutos a Silvina, y setenta y cinco unidades de Z, que le demandan los restantes 600 minutos. –Rubén es especialista en números. Él es quien se encarga de los análisis financieros y de rentabilidad de producto.

–No debemos preocuparnos por Aníbal porque sabemos que tiene capacidad suficiente para producir todo lo que pide el mercado –confirma Alberto.

–Si les parece bien, hagan el cálculo de utilidad neta con esta mezcla –sugiere Daniel.

Alberto y Rubén trabajan juntos. Minutos más tarde, presentan a Daniel la tabla 4. Se sienten satisfechos.

–¿Es esta realmente la utilidad neta máxima que se puede obtener? Luego de hacer los cálculos de la tabla 2 descubrimos que estaban basados en un supuesto equivocado. ¿Están seguros de que no existen supuestos equivocados en los cálculos de la tabla 4?

–Rubén hizo los cálculos. Yo no encontré error alguno –dice Alberto.

Tabla 4. Utilidad neta con la mezcla sugerida por Alberto y Rubén

Ingresos por W ($)	2.500	(100 unid. x $25/unid.)
Ingresos por X ($)	12.000	(400 unid. x $30/unid.)
Ingresos por Z ($)	2.025	(75 unid. x $27/unid.)
Ingreso total ($)	16.525	
Materiales para W ($)	– 1.500	(100 unid. x $15/unid.)
Materiales para X ($)	– 6.000	(400 unid. x $15/unid.)
Materiales para Z ($)	– 1.275	(75 unid. x $17/unid.)
Todos los otros gastos ($)	– 7.500	
Utilidad neta ($)	**250**	

–Bien. Hagamos una rápida verificación. ¿Qué pasaría si diéramos prioridad al producto menos rentable, Z, en vez de a los más rentables? La utilidad neta debería ser menor que $250, ¿correcto?

Padre e hijo no entienden muy bien adónde quiere llegar Daniel, pero lo siguen.

–Correcto –responden a coro, sonriendo.

–Veamos lo siguiente –propone Daniel–. Si decidimos producir todas las unidades de Z y W, que demandan 3.000 minutos a Silvina, queda tiempo para trescientas treinta de X, que le demandan los restantes 6.600 minutos. Aníbal nunca es problema, como ya vimos. La tabla 5 muestra la utilidad neta que se obtendría con esta mezcla de productos.

Tabla 5. Utilidad neta con la mezcla sugerida por Daniel

Ingresos por W ($)	2.500	(100 unid. x $25/unid.)
Ingresos por X ($)	9.900	(330 unid. x $30/unid.)
Ingresos por Z ($)	6.750	(250 unid. x $27/unid.)
Ingreso total ($)	19.150	
Materiales para W ($)	– 1.500	(100 unid. x $15/unid.)
Materiales para X ($)	– 4.950	(330 unid. x $15/unid.)
Materiales para Z ($)	– 4.250	(250 unid. x $17/unid.)
Todos los otros gastos ($)	– 7.500	
Utilidad neta ($)	**950**	

–Como ven –continúa–, con esta mezcla se obtienen $950 de utilidad neta. ¡Casi cuatro veces más que con la mezcla anterior! ¿Qué me dicen?

–Que tus cuentas están mal –responde Rubén.

–¿Quieren que las revisemos juntos?

Los tres rehacen, paso a paso, los cálculos presentados por Daniel. No encuentran errores.

–Entonces existe algún error en nuestros cálculos previos. Seguramente la utilidad neta no es $250 –sugiere Alberto.

Los cálculos de la tabla 4 también son revisados minuciosamente por los tres y tampoco encuentran error alguno.

Alberto y Rubén se muestran confundidos.

Daniel hace la pregunta obligada. –¿Cómo es posible que el producto menos rentable ofrezca mayor utilidad neta?

–Espera, espera, espera. –Rubén no sale de su asombro–. Aquí hay algo mal. Esto es imposible.

–Lo que dices es correcto, Rubén. Aquí hay algo mal, pero no son los cálculos –afirma Daniel.

–¿Qué está mal, entonces? –pregunta Alberto.

–Tratemos de deducirlo juntos. ¿Tienen Aníbal y Silvina igual importancia?

–Sí –responden ambos.

–Cuestan la misma cantidad de dinero a la empresa –completa Rubén.

–No, caballeros. El impacto para la empresa de un minuto perdido por Silvina es la pérdida de ingresos, mientras que el de un minuto perdido por Aníbal no necesariamente representa una pérdida de ingresos. ¿Estamos de acuerdo?

–Sí, pero...

Daniel interrumpe, entusiasmado:

–¿Cuál es el error conceptual que hemos cometido al analizar la rentabilidad de los productos? Si bien hemos tenido en cuenta todos los elementos que componen el sistema, no los combinamos de manera adecuada. Mezclamos peras con manzanas. Sumamos minutos de Aníbal con minutos de Silvina porque tienen igual costo, olvidando que Silvina es un recurso escaso y Aníbal, no. –Espera unos instantes, para dar tiempo a que Alberto y Rubén asimilen sus palabras. Luego continúa:

–Nuestra tendencia natural es valorar los recursos en función de cuánto hemos pagado por ellos o cuánto nos cuesta mantenerlos, en vez de hacerlo a través del impacto que tienen para alcanzar el objetivo del sistema. Por ejemplo, los minutos de Aníbal y Silvina tienen igual importancia desde el punto de vista de los costos, mientras que los de Silvina son mucho más críticos que los de Aníbal desde el punto de vista de la utilidad neta de la empresa.

Alberto y Rubén lo miran, sin decir nada. Daniel también se queda callado.

Por fin, Rubén rompe el silencio: –No puede ser. Si lo que dices es cierto, entonces el costo y el margen de un producto no nos sirven para tomar decisiones.

Alberto interviene: –Uso esos conceptos desde que comencé a trabajar en la industria, hace cuarenta y cinco años. ¡Todo el mundo los usa! No pueden estar mal.

–Estos conceptos se inventaron a principios del siglo XX, tío. Fueron una herramienta tan poderosa para tomar decisiones que ya los consideramos propiedades físicas de los productos. Decimos que tienen peso, forma, volumen, color, rugosidad, costo, margen. Sin embargo, son cálculos matemáticos de un modelo que era excelente hasta que la complejidad de las empresas aumentó. Hablando más formalmente, se basan en el pensamiento cartesiano, que, aunque muchos aún no nos hemos dado cuenta, ya no es válido.

–Me parece que la explicación es más simple –interrumpe Rubén–. Aníbal está ocupado 4.000 minutos en el primer caso y 7.150 minutos en el segundo. Aparentemente no hay que preocuparse por Aníbal, pero en realidad sí es importante.

–¿Y eso en qué afecta los resultados? –pregunta Alberto.

Miran las tablas. Los gastos son $7.500 en ambos casos, sin que importe la capacidad ociosa de Aníbal.

–¿No lo ven? Estamos usando un criterio incorrecto de asignación de los gastos a los productos –insiste Rubén.

–Una forma práctica de validar nuestras hipótesis es a través de contraejemplos. Si fuera cierto lo que acabas de decir, entonces obtendríamos el resultado correcto cuando no hubiera gastos que deban ser absorbidos por los productos.

–Daniel se da cuenta de que no ha quedado claro. –Cómo lo explico... Si no existiera ningún gasto adicional al de materias primas, entonces no habría qué asignar a los productos. Por lo tanto, el criterio de asignación elegido, no importa cuál sea, no afectaría a la decisión.

–Buen punto –asiente Rubén.

–Veamos si es correcta tu hipótesis. ¿Cuál es el costo y el margen de cada producto si todos los gastos son nulos, excepto las materias primas? –pregunta Alberto.

–El costo es $15 para W y X y $17 para Z. El margen de X es $15 y el de Z y W es $10. También falla el método. Estos cálculos me guiarían a concentrarme en X, en vez de Z. –Rubén está cada vez más confundido.

–El volumen debe tener algo que ver. En el primer caso se producen en total quinientas setenta y cinco unidades, mientras que en el segundo se producen seiscientas ochenta. Más volumen, más rentabilidad –sugiere Alberto.

–Veamos otro contraejemplo –propone Daniel–. Supongan que todos los datos son iguales, excepto que el producto X se vende a $45 en vez de $30. ¿Cuál es el mix que maximizaría la utilidad neta?

Hacen las cuentas. –Ahora se gana más dinero cuando se fabrican cuatrocientas unidades de X, doscientas de Z y ninguna de W. En total son seiscientas unidades –concluye Rubén.

–Esto nos demuestra que el volumen total no es la causa –remata Daniel.

–Ya estoy perdiendo la paciencia con este ejercicio –comenta Alberto, sonriendo–. ¿Qué está pasando?

–El error conceptual es mirar a los elementos del sistema individualmente, sin analizar las interdependencias que existen entre ellos. Cuando calculamos costo y margen de un producto, por ejemplo, no tenemos en cuenta las relaciones que existen con los otros productos. En nuestro ejemplo, W, X y Z están vinculados.

Alberto interrumpe a Daniel: –¿Cómo que están vinculados? ¡W es W, X es X y Z es Z!

–No. Todos comparten un recurso escaso, que es Silvina.

–¿Si no hubiera recurso escaso, entonces no estarían vinculados?

–Exacto.

–Y entonces sí serían válidos los conceptos de costo y margen del producto.

–No estoy seguro –responde Daniel–. Pero, ¿para qué los necesitaríamos? Fueron creados para responder a una pregunta, y esa pregunta no tiene sentido si no existen recursos escasos.

–¿Qué pregunta?

–Qué productos me conviene fabricar y vender y cuáles no.

–Si no hay recursos escasos, entonces puedo fabricar y vender todo lo que me pida el mercado, por lo que la pregunta deja de tener sentido –deduce Alberto.

–Rubén, ¿por qué no introduces este ejercicio en el sistema de costos que usan y vemos qué mezcla nos recomendaría fabricar? –sugiere Daniel.

–Ahora mismo lo hago, pero estoy casi seguro de que me dirá que W y X son más rentables que Z.

Mientras Rubén trabaja en la computadora, Alberto y Daniel toman un refresco.

–Esto significa que todo el dinero que gastamos en desarrollar este software de cálculo de costos ha sido tirado a la basura. Rubén dedicó meses a ponerlo a punto junto a los programadores. ¡Y las decisiones que tomamos! ¿Cómo no nos dimos cuenta antes? –protesta Alberto.

–A mí me sucedió algo parecido. Estuve asesorando a las empresas sobre cómo costear productos, qué criterios de asignación eran los más convenientes, qué márgenes usar, y hasta desarrollé una herramienta pequeña para analizar rentabilidades. Después me formé en pensamiento sistémico y mi paradigma cambió completamente. Comencé a evaluar los métodos de administración y mejora de empresas para identificar aquellos que ya no tienen validez y descubrir cómo usar los que siguen siendo útiles.

–"Paradigma" es una palabra que está de moda. No sé muy bien qué significa.

–A ver... Te puedo decir que un paradigma es como una lente a través de la cual miramos e interpretamos la realidad. Es un conjunto de creencias, de suposiciones que damos por válidas y que rara vez cuestionamos.

–Considerar que el valor de un recurso para la empresa es proporcional a lo que nos costó adquirirlo o nos cuesta mantenerlo es una creencia muy común. ¿Sería un paradigma?

–Exactamente. Y, dado que las empresas son sistemas cada vez más complejos, esa creencia (o paradigma) es cada vez menos correcta.

–Caballeros –interrumpe Rubén–. Ya tenemos la respuesta. Me duele confirmarles que nuestro sistema de costeo recomienda, según predije, al producto X por encima de Z. Esto es malo, muy malo.

–Todo lo contrario, hijo. Sabiéndolo, podremos retomar el camino de la fabricación nacional.

–Resumiendo hasta aquí: cuando tenemos recursos escasos debemos responder a una pregunta, y ya demostramos que dejó de ser válido el método que conocemos. Necesitamos encontrar otro.

–Así es –concuerda Rubén–. ¿Cómo podemos conocer la rentabilidad real de cada producto?

–Manos a la obra. Silvina es quien determina la capacidad de la empresa para generar dinero. Por lo tanto, debemos aprovechar su tiempo de la mejor manera posible. La tabla 6 muestra que generamos $1,25 por minuto cuando Silvina fabrica el producto Z y lo vendemos; $1,00 por minuto cuando fabrica y vendemos W; y sólo $0,75 por minuto cuando fabrica y vendemos X. ¿Qué producto es más rentable, entonces, para la empresa?

Tabla 6. ¿En qué productos conviene concentrarse?

	Producto W	Producto X	Producto Z
Precio de venta ($ / unidad)	25	30	27
Costo materia prima ($ / unidad)	15	15	15
Costo componente ($ / unidad)	–	–	2
Tiempo de Silvina (minutos / unidad)	10	20	8
Dinero generado por unidad de tiempo de Silvina ($ / minuto)	1,00	0,75	1,25

–Sin duda, Z, ya que permite generar la mayor cantidad de dinero por unidad de recurso escaso, que en este caso es el tiempo de Silvina. De ahí que la utilidad neta de la empresa es mayor cuando damos prioridad a Z –responde Rubén–. Estudié algo parecido en la Licenciatura. Voy a desempolvar mis libros.

–En la década de 1950 surgieron muchos métodos destinados a la toma de decisiones con enfoque sistémico. Por alguna razón, quedaron relegados. Aparecen en los libros, pero muy poca gente los utiliza –aclara Daniel.

–Albert Einstein decía que era más fácil desintegrar un átomo que un prejuicio –interviene Alberto–. Probablemente se refería a situaciones como esta.

–¿Se han dado cuenta de las consecuencias de lo que estamos hablando? ¿Cuántas decisiones se basan en el margen del producto? –pregunta Daniel.

–Me da miedo hacer la lista. –Alberto está muy motivado. –Mira lo que ocurre con nosotros: importamos en vez de fabricar, pagamos a nuestros vendedores una comisión que depende del margen del producto, evaluamos a cada trabajador según su desempeño personal. ¿Sigo?

–¿Qué tiene que ver la evaluación del desempeño de los trabajadores con lo que estamos hablando? –se sorprende Rubén.

–¿Es bueno o malo que Silvina esté un minuto sin trabajar? –pregunta, a su vez, Daniel.

–Malo, por supuesto. Dejamos de generar ingresos.

–¿Y es bueno o malo que Aníbal esté un minuto sin trabajar?

–Mientras Silvina no se detenga por causa de Aníbal, este puede descansar todo lo que quiera –piensa Rubén en voz alta–. ¡Ya entiendo! No podemos medir todos los recursos de la misma manera. La medición de cada individuo debe depender de qué necesita el sistema.

–*Dado que los seres humanos nos comportamos según como nos miden, podemos inducir los comportamientos que el sistema requiere estableciendo indicadores de gestión alineados con su objetivo* –explica Daniel–. Es una forma de inducir a los elementos a hacer lo que es bueno para el conjunto.

–¡Qué oportunidad! ¡Qué oportunidad! Vamos a tener un año excelente. –Alberto ya quiere terminar la reunión y comenzar a hacer cambios.

–Si me permiten, recomiendo que finalicemos el ejercicio antes de aplicar estos conceptos. Hay un par de cosas que les pueden ser útiles.

–Estoy cansado, sobrino. No puedo ver ni un número más.

–No será más de diez minutos.

–No has cambiado, primo. La tropa está agotada, y tú insistes en seguir avanzando. Recuerdo aquella época en que jugábamos al fútbol en el mismo equipo. Como jugador, dejabas bastante que desear. Sin embargo, daba gusto tenerte como compañero, porque tu perseverancia nos animaba a seguir luchando hasta el final.

Luego de un intercambio de bromas relacionadas con las habilidades deportivas de cada uno, Daniel se resigna:

–De acuerdo. Lo que nos queda por conversar es importante, pero no urgente. Podemos dejarlo para otra oportunidad.

–Sólo una pregunta más –dice Alberto–. ¿Qué vamos a hacer con el edificio que estoy construyendo aquí al lado?

–¿Para cuántos nuevos puestos de trabajo tiene capacidad?

–Aproximadamente, treinta –responde Rubén.

–Sé adónde apunta tu pregunta –dice Alberto–. Allí trabajarán los colaboradores que contrataré para satisfacer el aumento de demanda. ¡Vamos a hacer historia!

CIMIENTOS PARA CONSTRUIR SU PROPIO PUENTE

1. Muchas veces el problema de fondo es creer que la solución a nuestros problemas está fuera de nuestro alcance.
2. Los seres humanos tendemos a acostumbrarnos a una manera de actuar que es muy útil en ciertas circunstancias y a veces cometemos el error de seguir operando del mismo modo aunque estas hayan cambiado.
3. Es conveniente tener la disciplina de verificar la validez de los supuestos en los que se basa un método antes de aplicarlo a una situación real.
4. Las decisiones de compra se deben tomar considerando la posición de inventario de cada producto. Las decisiones de aceleración de compras, en cambio, se deben tomar considerando el inventario en mano de cada producto.
5. La precisión de los pronósticos aumenta cuanto más agregada está la demanda y cuanto más cercano en el futuro está aquello que queremos estimar.
6. La importancia de un recurso depende de la función que cumple dentro del sistema, no de lo que nos cuesta adquirirlo y mantenerlo.
7. Los métodos de costeo por absorción se basan en dos supuestos generalmente erróneos: que no existe interdependencia entre los recursos de la organización y que la importancia de cada uno de ellos depende de cuánto cuesta adquirirlos y mantenerlos.
8. Dado que la mayoría de los seres humanos nos comportamos de acuerdo a como somos medidos, se pueden inducir los comportamientos que el sistema requiere estableciendo indicadores de gestión coherentes con su objetivo.
9. Las personas necesitamos tiempo para asimilar nuevas ideas.

"ESTO NO FUNCIONA EN EMPRESAS DE SERVICIOS"

Tres meses después. En casa de María y Daniel

Suena el teléfono. Atiende Daniel.

–Hola, tío Alberto. ¿Cómo van las cosas?

–Muy bien. Seguimos bien orientados. Las existencias están bajando, tengo más liquidez y cada vez estamos más cerca del mercado.

–¿Pudiste llegar a un acuerdo con los chinos respecto del crédito que tienes por la cancelación de pedidos?

–Aún no. No quieren devolverme el dinero. Va a ser difícil convencerlos, porque ya no les compro nada. Pero no es un problema serio. Estoy liberando tanto dinero amarrado en inventarios, y las ventas van tan bien, que dejar ese crédito abierto no me dificulta las operaciones.

–Quizás puedas comprarles componentes plásticos o electrónicos que necesitas para incorporar a tus productos.

–Veremos qué logro. No estoy dedicándole tiempo a eso. La adaptación de modelos que tengo en el depósito está requiriendo mucha atención. Estoy todo el día diseñando y dando instrucciones a mis colaboradores. Rubén dice que recuperé el buen humor.

–Me alegra escuchar que todo va según lo planeado.

–En realidad, esta vez te llamé por otro tema.

–Dime.

–Anoche cené en casa de un amigo que dirige la empresa

de recolección de residuos de la ciudad. Está frustrado porque no encuentra la manera de cumplir con lo que se espera de él. Le conté de ti, de tu experiencia y de lo que hicimos juntos. Está interesado en hablar contigo.

–Tío, no tengo experiencia en recolección de residuos.

–Tampoco tenías experiencia en importación de productos ni en mi negocio, y mira lo que logramos.

–Sí, pero esto es diferente. Es una empresa de servicios.

–Qué curioso. Él me dijo lo mismo. Pero sigo sin entender cuál es el problema. Es un sistema como cualquier otro. Tiene un objetivo y un conjunto de recursos que deben interactuar para alcanzarlo.

–Pensándolo mejor, tienes razón. Ya estás hecho un experto, ¿eh?

–De experto, nada. Sin embargo, ahora interpreto la realidad de un modo diferente. Ante los mismos hechos, tomo decisiones totalmente distintas de las que tomaba hace tres meses.

–Eso sucede cuando una persona experimenta un cambio de paradigma.

–Y algo similar necesita mi amigo Eduardo.

–En tu caso, yo había detectado el paradigma bajo el cual operaban Rubén y tú, conocía uno alternativo y tenía forma de demostrarles qué estaba mal en el anterior y cómo mejoraría el sistema con el nuevo. En el caso de Eduardo, no tengo ninguno de esos elementos.

–¿Y? La vida no es fácil, sobrino. Tendrás que encontrar la manera de hacerlo. Para terminar de complicarte las cosas, Eduardo es bastante terco.

–Está bien. Dame sus datos. Lo llamaré mañana.

Miércoles por la mañana. En la oficina de Eduardo

–Así que estuviste estudiando en Europa –comenta Eduardo.

–Sí. Ha sido una experiencia extraordinaria, tanto en lo profesional como en lo personal.

–Hice un viaje, de esos en los que visitas diez países en treinta días, hace cinco años. Me encantó, aunque al final estaba confundido. No es fácil asimilar tantos lugares nuevos en tan poco tiempo. Recuerdo que en Madrid, de camino al aeropuerto para tomar el vuelo de regreso, vi unos edificios muy modernos y pregunté a mi esposa si era La Defense. Imagínate su cara. Y la mía, cuando me dijo que La Defense está en París... –Ambos sonríen.

–A mis padres les sucedió algo similar cuando fueron a visitarme.

–Bueno. Vamos a lo nuestro. Alberto me comentó que le has ayudado a redefinir la estrategia de su empresa y coordinar sus decisiones y recursos para seguirla. Está contento. Me dijo que empleas herramientas que has aprendido o desarrollado durante tu doctorado, que permiten mejorar el desempeño de una organización.

–Hablando de modo genérico, así es.

–¿Has usado dichas herramientas para mejorar empresas de servicios?

–No.

–Eso me temía. Todas las metodologías se desarrollan para empresas industriales. ¿Cómo es posible que haya tan poco interés en las de servicios?

–Que yo no tenga experiencia no quiere decir que no se puedan aplicar a este tipo de organizaciones. En teoría, se deberían lograr mejoras importantes.

–Me cuesta visualizar en qué podrías ayudarnos. Tenemos un software que usa algoritmos muy sofisticados para dividir la ciudad en rutas, considerando todos los elementos: capacidad de los vehículos, distribución geográfica y tiempos máximos permitidos de exposición de los residuos, etc. El día a día es simple: se preparan los vehículos, se lanza uno por ruta con un conductor y dos personas que recolectan, se completa la ruta, se descarga la basura en el relleno sanitario y se regresa a la base.

–Siendo así, tiene razón. No sé en qué podría ayudarlo. Planifican perfectamente y la ejecución es simple. Por lo tanto, no dudo de que los resultados son excelentes.

–Siempre se puede mejorar, pero estamos satisfechos.

–Leí en el periódico que comprarán una flota nueva de camiones.

–Sí, ya nos toca reponerlos. Los nuevos son más grandes, más robustos y vienen con un sistema de posicionamiento satelital.

–Los vehículos actuales tuvieron una vida útil de menos de tres años, ¿no?

–Los conductores son unos salvajes. No tienen el menor cuidado. Pero eso se va a acabar con el sistema de posicionamiento satelital.

–¿Por qué?

–Porque sabremos en cada instante dónde está cada equipo.

–¿Qué es un equipo?

–Un vehículo, un conductor y dos recolectores.

–¿Y cómo va a ayudar el sistema de posicionamiento satelital a aumentar la vida útil de los vehículos?

–Las tripulaciones ya no desaprovecharán el tiempo. Estoy seguro de que se quedan a dormir en algún sitio, especialmente en el turno de la noche, y luego deben circular mucho más rápido que lo permitido, para cumplir con la ruta. Esa manera de proceder hace que tengan más accidentes y que no logren llegar a la base a la hora establecida. La ciudad nos multa todos los días por incumplimiento de contrato.

–¿La ciudad los multa?

–Claro que sí. Somos una empresa privada. Hace tres años ganamos la licitación para proveer el servicio de recolección de residuos sólidos por diez años. El contrato de concesión es muy exigente con el cumplimiento de horarios y tiempos máximos de permanencia de la basura en las calles.

–¿Por qué son tan importantes esas exigencias?

–No es capricho de las autoridades. Los horarios deben respetarse para no obstaculizar el tránsito, y el tiempo máximo de exposición de la basura es crítico desde el punto de vista sanitario. Los residuos orgánicos son una fuente de alimento para gérmenes, ratas y demás alimañas.

–No acabo de entender. Si tienen todo bien planificado y la operación es simple, ¿cómo es posible que sean penalizados todos los días y los vehículos se deterioren tan rápidamente?

–Nuestra gente no es de lo mejor. Somos latinos, no alemanes. Ya sabes, cuanto menos esfuerzo, mejor.

Daniel se molestó. "¿Cuántas veces he oído esa justificación?", pensó. "Nuestros antepasados 'latinos' dominaron el mundo occidental dos veces, ¡dos!, durante cientos de años. ¿Por qué ese sentimiento de que somos haraganes y que nada nos interesa?"

–¿Por qué es tan difícil controlar a los equipos? –dijo en voz alta–. Usted sostiene que las operaciones están perfectamente planificadas y que la ejecución es sencilla. Si eso es correcto, entonces podría poner guardias en puntos clave de la ciudad, que verificarían la hora de paso y la cantidad de carga que transporta cada equipo. Si ambas coinciden con lo establecido, entonces el equipo está trabajando bien. De lo contrario, se lo penaliza.

–Ojalá fuera así de fácil. Hay muchos factores que pueden alterar los planes.

–¿Sí? ¿Cuáles?

–La cantidad de basura que se genera no es constante. Varía cada día y en cada punto de la ciudad. Además, el peso también puede cambiar de un día a otro. El clima es un factor que afecta directamente.

–¿El clima afecta a la generación de basura?

–Sin duda. Imagínate un domingo soleado. La gente va a lugares abiertos y por lo tanto se genera mucha basura en las plazas, parques y paseos. Ahora imagínate un domingo lluvioso. ¿Quién va a un parque? Toda la basura se concentra en los centros comerciales, cines, teatros y museos. Para terminar de complicar las cosas, la basura mojada es más pesada que la seca. En un día de lluvia recolectamos y transportamos mucha agua.

–Gran problema, es verdad.

–Considera, además, que las modas van modificando el consumo, que los vehículos se dañan en ruta, que no siempre tenemos a todas las tripulaciones a la hora requerida, que las autoridades realizan tareas de mantenimiento en las calles, que hay accidentes. En fin, intervienen muchos factores.

–Con tantos imprevistos durante la operación, seguramente es difícil cumplir con los planes. No parece que sea tan simple como lanzar equipos y esperar a que regresen nuevamente a la base.

–Los muchachos de Operaciones sufren de estrés permanente. Hay mucha presión. Como bien dices, los imprevistos ocurren constantemente. Tenemos talleres mecánicos móviles que durante la operación se ubican en lugares estratégicos a fin de poder dar mantenimiento a los vehículos. Parece mentira, pero siempre se daña el que está más lejos de cualquier taller móvil.

–O sea que, en el momento de iniciar la operación, no saben cuánta basura deberán recolectar en cada ruta ni en qué ruta ocurrirá un accidente.

–Ojalá supiéramos.

–¿Y cómo diseñan las rutas si no saben cuánta basura habrá en cada zona de la ciudad?

–Cada ruta se establece considerando un promedio de generación de basura que es aproximadamente el ochenta por ciento de la capacidad de un vehículo. De este modo, la cantidad a recolectar puede incrementarse hasta un veinticinco por ciento respecto del promedio sin necesidad de hacer un segundo viaje. Si la cantidad a recolectar en la ruta excede la capacidad del vehículo, entonces este debe ir a descargar y volver para terminar la ruta. En una época intentamos que equipos de rutas cercanas con poca carga apoyaran a los que estaban sobrecargados, pero era muy difícil de controlar y finalmente fracasamos.

–Según el esquema actual, la mayoría de los equipos deberá hacer un viaje y algunos deberán hacer dos.

–Nadie quiere hacer dos viajes, ya que significa ir a descargar y regresar. La mayoría carga los vehículos por encima de su capacidad a fin de evitar las dos horas de ida y regreso. Dos viajes significan mayores gastos y multas por no cumplir con el horario de finalización establecido para la recolección.

–Imagino que los vehículos sufren al ser sobrecargados.

–Es la queja permanente del área de Mantenimiento. No te imaginas el ritmo al que consumimos suspensiones, amortiguadores y cubiertas.

–¿Qué le parece si hacemos lo siguiente, Eduardo? Me gustaría entrevistar a algunas personas de la empresa a fin de entender mejor la situación actual y tratar de aplicar las herramientas que conozco. A continuación le presentaré mi trabajo y juntos lo analizaremos.

Eduardo sigue escéptico, pero acepta. –Me parece buena idea. Veremos hasta dónde llegas. Mi secretaria se encargará de coordinar las entrevistas.

–De acuerdo. Mucho gusto.

Daniel sigue inmerso en sus pensamientos mientras se aleja del edificio de la empresa. "¿Para qué necesitarán el sistema de posicionamiento satelital?", se pregunta en silencio.

Viernes por la mañana. En casa de María y Daniel

Suena el teléfono.

–¿Hola?

–Hola, Daniel. ¿Cómo te fue con Eduardo?

–¿Cómo estás, tío Alberto? Tuvimos una charla interesante. Inicialmente él estaba en una posición un poquito defensiva. Luego se abrió y comenzamos a intercambiar opiniones.

–¿Te explicó cómo planifican las operaciones diarias?

–Sí. Me habló de un software con algoritmos muy sofisticados. No encontré nada que me llamara especialmente la atención.

–De ti aprendí que la precisión de los pronósticos es menor cuanto más desagregada está la demanda. ¿Lo recuerdas?

–Sí, pero... ¿qué tiene eso que ver con la recolección de residuos?

–Para mi empresa, los pedidos de los clientes son la demanda. ¿Cuál es la demanda para un sistema de recolección de basura?

–¿Demanda?

–Piénsalo, sobrino.

–Sí, tío, gracias. Mañana hablamos. Saludos a tu gente.

Daniel se queda pensando en lo que ha dicho Alberto. "¿Demanda en un sistema de recolección de residuos? No tiene sentido." Prepara un té, se sienta delante de la computadora, golpea persistentemente el escritorio con los dedos. –¡Por supuesto! –dice repentinamente–. ¡Esa es la clave! Tío Alberto tiene razón. ¡La demanda! –El té ha sido olvidado. Sólo él y la computadora existen a partir de ese momento.

Jueves por la mañana. En la oficina de Eduardo

–Pasa, Daniel. ¿Cómo estás? ¿Ya terminaste las entrevistas?

–Sí, Eduardo. El martes las completé y ayer estuve procesando la información. Me sorprendió lo bien enterado que está de los problemas que existen en las operaciones de recolección. Todos los entrevistados, desde distintos puntos de vista, me han repetido lo que charlamos el miércoles pasado.

–Debo estar enterado. Las operaciones constituyen el noventa por ciento del presupuesto de la empresa.

–No lo dudo. Me quedé paralizado cuando me contaron cuánto cuesta cada vehículo y cuánto se gasta mensualmente en sueldos, combustible y reparaciones. No había imaginado que fuera tan costoso retirar la basura que generamos.

–A mí también me sorprendió cuando me incorporé a esta organización. Mi trabajo anterior fue como director comercial de una empresa de emergencias médicas. Pensaba que era lo más complicado del mundo... hasta que conocí esto.

–Supongo que tampoco es sencillo ganar dinero con una empresa de emergencias médicas. Las multas por no llegar a tiempo son...

Eduardo, impaciente, lo interrumpe: –Hoy estoy con la agenda un poco apretada. En otra oportunidad podemos hablar de ello. Vayamos a nuestro tema, si te parece bien.

–Si prefiere, puedo venir otro día.

–Tenemos una hora. ¿Has encontrado algo interesante?

–Creo que sí. Como usted me comentó la semana pasada, existen muchas fuentes de variabilidad que impactan negativamente las operaciones de recolección. Sabemos que la ciudad genera cada día aproximadamente mil toneladas de basura. Sin embargo, no hay forma de saber cuánto se genera cada día en cada domicilio. Por otro lado, sabemos que unos veinte vehículos requerirán reparaciones en ruta durante la operación, pero no cuáles serán ni dónde estarán cuando se produzcan las averías.

–Correcto.

–En conclusión, tenemos certidumbre sobre los valores totales, pero no nos sirve, porque lo importante es lo que sucede en cada punto de la ruta y a cada vehículo en particular.

–Eso es. Dimensionamos las rutas al ochenta por ciento de la capacidad de los vehículos, y no al ciento por ciento, justamente para resolver los inconvenientes que mencionas.

–¿Y si le dijera que la forma en que planifican y operan el sistema incrementa la magnitud de los problemas en vez de resolverlos?

–¿Qué? –se sorprende Eduardo.

–Es imposible eliminar las fuentes de variabilidad de este sistema. Si bien es cierto que podemos reducir las averías con nuevos vehículos y planes de mantenimiento preventivo adecuados, sería sumamente costoso reducir la magnitud de la mayor fuente de variabilidad, que es la distribución geográfica y el peso de la basura.

–Hasta ahí estamos de acuerdo. Lo que no entendí es la otra parte.

–Déjeme explicarle a qué me refiero, con un ejemplo sencillo.

–Adelante.

–Supongamos una ciudad que genera veintisiete toneladas diarias de basura, que es recolectada todos los días, casa por casa, con tres vehículos de diez toneladas de capacidad. La ciudad ha sido dividida en tres rutas de nueve toneladas y se asigna un único equipo de recolección a cada una. Esto significa que cada vehículo tiene diez por ciento de su capacidad (una tonelada) destinada a absorber la variabilidad en la cantidad de basura a recolectar en su ruta.

Cada equipo debe viajar al lugar de descarga cada vez que se llena y cuando termina su tarea. Los datos históricos de tres días de recolección se presentan en esta tabla. –Daniel muestra a Eduardo la tabla 7.

Tabla 7. El ejemplo que Daniel presentó a Eduardo

Día	Ruta A (Toneladas)	Ruta B (Toneladas)	Ruta C (Toneladas)	Total (Toneladas)
1	10	8	9	27
2	7	9	11	27
3	8	12	7	27

–En el primer día, ningún vehículo tuvo problemas para cubrir su ruta. El vehículo C debió hacer dos viajes en el segundo día mientras que se usó menos de la capacidad total de los otros. En el tercer día, B tuvo problemas mientras que los restantes fueron subutilizados.

–Entiendo adónde quieres llegar, pero es inevitable que así suceda.

Daniel continúa: –De este modo, en los días dos y tres fueron necesarios cuatro viajes al lugar de descarga para poder cumplir con toda la operación. Esto significa que, debido a la política de dividir la ciudad en rutas, se necesitó una capacidad diaria de cuarenta toneladas para recolectar veintisiete, logrando un aprovechamiento promedio de vehículos menor que sesenta y ocho por ciento.

Eduardo interviene: –Podría haberse recolectado toda la basura en sólo tres viajes, con un aprovechamiento promedio de vehículos del noventa por ciento. Los gastos de operación proporcionales a la cantidad de viajes aumentaron treinta y tres por ciento, de tres viajes a cuatro.

–Y además hubo multas dos de los tres días –advierte Daniel.

–Se trabaja de la misma manera en todas las ciudades que conozco. ¿Qué otro método existe? –Con resignación, Eduardo continúa: –Tenemos que vivir con esta problemática.

–No estoy de acuerdo –disiente enfáticamente Daniel.

Eduardo se queda en silencio. La seguridad con que Daniel ha expresado su desacuerdo lo hace dudar por un instante. –¿Con qué no estás de acuerdo? –pregunta, intrigado y molesto a la vez.

–Con que tengamos que seguir trabajando así. Debe de existir una forma de diseñar y operar el sistema que minimice el impacto de las fuentes de variabilidad.

–¿Y ya la encontraste?

–Tenemos que aprovechar la agregación estadística.

–¿Qué es la agregación estadística?

–Volviendo al ejemplo anterior, la cantidad total de basura generada en la ciudad fue la misma todos los días, mientras que en cada ruta fue diferente cada día.

–Ya entiendo. Al sumar, la variabilidad se compensa.

–Exacto. Ocurre así en nuestro ejemplo porque los sucesos son independientes entre sí: la cantidad de basura que se genera en una ruta no afecta a la que se genera en las otras. Este fenómeno hace que la cantidad total que se genera cada día en la ciudad sea bastante constante, mientras que la distribución geográfica cambia mucho de un día a otro.

Ambos se quedan en silencio un momento.

–Ahora comprendo a qué te referías hace unos minutos. Nosotros dividimos la ciudad en partes, a las que llamamos rutas, y asignamos un equipo a cada una de ellas. Estamos protegiendo a cada vehículo con el veinticinco por ciento de capacidad y aun así no es suficiente.

–Correcto. Hay dos conclusiones prácticas de la agregación estadística que son aplicables a nuestra situación. La primera es que *un sistema requiere menos capacidad adicional en sus recursos para protegerse de la variabilidad cuanto mayor sea el nivel de agregación de los objetivos que debe cumplir.* Es decir que se necesitan más vehículos cuando se divide la ciudad en rutas y a cada una se asigna un equipo, que cuando se solicita a todos los equipos que juntos recolecten la basura de toda la ciudad. La segunda conclusión práctica es que *cuanto más se exija a un sistema cumplir con objetivos parciales, mayor será su vulnerabilidad ante hechos imprevisibles.* Por lo tanto, nuevamente, dividir la ciudad en rutas y asignar a cada una un equipo, reduce la capacidad de atenuar los efectos negativos de la variabilidad. La primera conclusión es muy útil en la etapa de diseño, mientras que la segunda lo es durante la operación del sistema.

—Me pregunto cómo deberíamos trabajar para aprovechar estas conclusiones –dice Eduardo, pensativo.

—Hay otro asunto también muy importante. La operación actual del sistema es estática. Se lanza un equipo a su ruta y a partir de ese momento, por decirlo de alguna manera, queda librado a su suerte hasta que termine su tarea.

—Es la queja de todas las tripulaciones –confiesa Eduardo–. Se nos acaba el tiempo, Daniel. Tengo una reunión con los representantes de la ciudad. El tema central será, para variar, nuestros problemas para cumplir con la frecuencia de recolección exigida. ¿Crees que estas ideas puedan aplicarse?

—Sí, Eduardo. Aún no sé cómo, pero debe haber alguna forma. Es cuestión de seguir trabajando en ello.

—Hoy me has ayudado a descubrir algo interesante. Coincido contigo en el diagnóstico, pero no puedo imaginarme otra forma de operar. He visitado muchas ciudades y todas trabajan como nosotros. Por otro lado, no me parece justo que sigas dedicándonos tiempo sin remuneración. Te propongo pagarte todo el dinero que la empresa ahorre por combustible y penalizaciones durante el primer mes de funcionamiento del nuevo sistema que implementemos con tu ayuda. ¿Te parece justo?

Daniel hace unas cuentas en su calculadora. –Más que justo. Es bastante dinero. ¿Está seguro?

–Sí. El objetivo es muy ambicioso, así que la recompensa también debe serlo.

–¿Le parece que lo visite el próximo jueves?

–¿Cuánto tiempo necesitaríamos?

–Estaría tranquilo si pudiéramos trabajar juntos durante dos horas.

–De acuerdo. Espero que me sorprendas.

Se dan la mano y se despiden cordialmente.

Martes por la noche. En casa de María y Daniel

María se acerca a Daniel. –¿Sigues delante de la computadora? Vamos a dormir.

–Aún no encuentro una buena solución para la problemática de Eduardo.

–¿Y crees que vas a lograrlo ahora? ¿No estás cansado? Es tarde.

–El jueves tengo cita con él. Será la última, si no le presento algo impactante.

–¿No me dijiste el viernes que ya tenías la solución?

–Sí. Pero parece que me apresuré demasiado. Sé que el desempeño del sistema mejoraría significativamente si se aprovechara la agregación estadística. Lo que aún desconozco es cómo hacerlo.

–¿Cuál es el objetivo del sistema que estás analizando?

–Recolectar toda la basura de toda la ciudad, cumpliendo con la frecuencia de recolección exigida.

–¿Eduardo y su gente están de acuerdo con que ese es?

–No se lo he preguntado. Pero es obvio, ¿no?

–No estoy tan segura. Si estuviera claro el objetivo, ¿por qué prefieren pagar multas en vez de lanzar más equipos de recolección?

–Buena pregunta. No lo sé.

–Intuyo que están más dirigidos a controlar los gastos que a alcanzar el objetivo del sistema.

–Como frecuentemente ocurre a quienes aplican métodos de investigación de operaciones en las empresas. Olvidan un supuesto básico bajo el cual fueron creados y, como consecuencia, toman decisiones incorrectas. Dichos métodos son excelentes herramientas, el problema está en cómo se los aplica.

–¿Qué quieres decir?

–Esta disciplina surgió durante la Segunda Guerra Mundial. El sistema a mejorar y su objetivo estaban claros: el sistema era los Aliados y el objetivo era ganar la guerra. Como no había dudas al respecto, la pregunta era "¿Cómo hacemos para ganar la guerra gastando lo menos posible?". Nadie se preguntaba "¿Qué hacemos: ganamos la guerra, o gastamos menos dinero?".

–Es exactamente a lo que me refiero. Creo que esta empresa, en vez de preguntarse "¿Cómo hacemos para cumplir con el objetivo gastando lo menos posible?", se está preguntando "¿Qué hacemos, cumplimos con el objetivo, o gastamos menos dinero?".

–No es difícil imaginar las consecuencias que tal confusión provoca en el comportamiento de las personas. Seguramente se generan muchos conflictos en la toma de decisiones, ya que no hay prioridades claras.

–Mi hipótesis es que este hecho es justamente la causa de que aún no hayan descubierto cómo minimizar el impacto de la variabilidad.

–Es posible que tengas razón. Sin embargo, no entiendo adónde quieres llegar.

–En el desayuno seguimos charlando. Buenas noches, querido.

–Oye, María, espera. No me dejes así.

Jueves por la tarde. En la oficina de Eduardo

Eduardo está en una reunión que debió haber terminado hace media hora. Daniel lo espera en su oficina. El desayuno del día anterior con María ha sido muy productivo. "Es increíble que una pregunta tan simple sea tan poderosa", reflexiona. "Es mucho más fácil encontrar barreras autoimpuestas cuando el objetivo está claro."

Entra Eduardo. Molesto. Cansado.

—¿Cómo estás, Daniel?

—Muy bien, Eduardo. ¿Y usted?

—No he tenido un buen día hoy.

—¿Quiere que venga en otro momento?

—¿Tienes algo interesante que presentarme? —dice Eduardo con tono despectivo. Luego rectifica: —Perdón. Aún sigo frustrado por la reunión.

—¿Qué ha sucedido?

—Lo de siempre. Se habló de que las multas son inevitables, que los costos de los insumos son cada vez mayores, que ya necesitamos los nuevos camiones, que esto, que aquello...

—Todo lo que dicen es cierto, mientras sigan operando de la misma manera.

—Espero hayas encontrado otra, porque, para serte sincero, yo no veo salida.

—¿Su equipo directivo tiene claro cuál es el objetivo de esta empresa?

—Por supuesto. Tenemos que ganar dinero para los accionistas. Tenemos que aumentar nuestra rentabilidad.

—Correcto. Toda empresa con fines de lucro tiene ese objetivo. Sin embargo, no todas son iguales. Me estoy refiriendo a su razón de ser, tenga fines de lucro o no.

—Tenemos que recolectar toda la basura de toda la ciudad, cumpliendo con la frecuencia de recolección exigida.

—De acuerdo. Sin embargo, no lo hacen. ¿Por qué?

—Como habrás notado, hoy no estoy de muy buen humor y la paciencia no es una de mis virtudes. Por favor, ve directo al punto.

–Están sacrificando el cumplimiento de la frecuencia exigida. De ahí las penalizaciones ¿Por qué no lanzan más vehículos a mitad de la operación de recolección según las necesidades de cada ruta?

–Porque nos excederíamos del presupuesto de gastos.

–¿El objetivo es cumplir con el presupuesto, o recolectar la basura de toda la ciudad con la frecuencia exigida?

–Ninguno de los dos, Daniel.

–¿Ninguno de los dos? –Daniel está sorprendido.

–El objetivo es aumentar la rentabilidad de la empresa. Para lograrlo, necesitamos recolectar toda la basura de la ciudad, cumpliendo con la frecuencia exigida y simultáneamente con el presupuesto de gastos.

Daniel se queda callado. "Buen punto", piensa. "No lo había visto de esa manera." Pero cuando analiza la situación, concluye que esta reformulación no afecta lo que había pensado, y dice: –De acuerdo, Eduardo. Para alcanzar el objetivo de la empresa, deben cumplirse ambas condiciones. Sin embargo, su modo de operar actual no le permite cumplir con ninguna de ellas.

–Eso concluimos la semana pasada.

–Creo que encontré la manera de hacerlo.

–Hubieras comenzado por allí, hombre. A ver, cuéntame.

–Lo que debemos hacer es definir una ruta única que recorra toda la ciudad, un concentrador de equipos, tantos circuitos lógicos como se requieran y un mecanismo que asegure el cumplimiento de la frecuencia de recolección en cada punto de la ruta única –enumera con entusiasmo.

–Más despacio, por favor.

–Disculpe. Vayamos poco a poco. Le explicaré cada uno de los elementos de la solución por separado. Luego los combinaremos.

–De acuerdo.

–Existe una única ruta que recorre toda la ciudad. Un equipo comienza a recolectar desde el punto de inicio. Cuando se completa su capacidad, otro equipo sigue a partir del punto del recorrido donde terminó el anterior. Esta secuencia sigue indefinidamente. Al llegar al final de la ruta, se comienza nuevamente desde el principio. De este modo, aprovechamos al máximo la capacidad de los camiones.

–Si te he entendido bien, es como un sistema de reposición de inventarios.

–Buena analogía. La basura a recolectar es el equivalente de la demanda, y la capacidad de los vehículos es el equivalente de los productos destinados a satisfacerla.

–Con esta idea se logra máximo aprovechamiento de los camiones, pero tardaríamos semanas en volver a pasar por el mismo punto de la ruta.

–Exacto. Por esa razón necesitamos tener circuitos lógicos.

–¿Circuitos? ¿No dijiste que sólo hay una ruta?

–Sí, sólo hay una. Sin embargo, para poder cumplir con la frecuencia de recolección exigida hace falta que varios equipos comiencen simultáneamente la operación, separados por una distancia equivalente a dicha frecuencia

–A ver si te he entendido: supongamos que la ruta única que recorre toda la ciudad es de novecientos sesenta kilómetros, que la frecuencia de recolección es una vez por día y que la velocidad de recolección es aproximadamente un kilómetro por hora. ¿Necesitaré comenzar la operación con cuarenta vehículos separados entre sí veinticuatro kilómetros?

–Eso es. En el ejemplo que menciona, existen cuarenta circuitos lógicos que recorren exactamente la misma ruta, pero separados por una distancia equivalente a un día. En cada circuito se va reemplazando al equipo que completa su carga, según el mecanismo de reposición que acabo de explicar.

–¿Qué es el "concentrador de equipos"?

–Todos los equipos, compuestos cada uno por un camión y su tripulación, salen y llegan al mismo lugar. De este modo, un equipo puede ser asignado hoy al circuito 23 y mañana al circuito 15. Los circuitos comparten los recursos de recolección, y así se maximiza su aprovechamiento.

Eduardo está sorprendido por la originalidad de la solución. –Es decir que inicialmente debo lanzar cuarenta equipos, cada uno en una posición de la ruta que está separada de la inmediata anterior y de la inmediata posterior por una distancia equivalente a un día de recolección. Cuando en cualquiera de los circuitos se completa la carga, envío otro equipo desde el concentrador para continuar el recorrido a partir del punto donde terminó el anterior. Quienes completaron su capacidad van a descargar la basura, pasan por el área de mantenimiento, regresan al concentrador y se preparan para una nueva asignación.

–Sí. De este modo lograremos un flujo continuo de equipos y evitaremos los picos de trabajo en el área de mantenimiento y en el sitio de descarga.

–Interesante.

–Sólo me falta explicar el mecanismo de control de frecuencia.

–¿Para qué se necesita?

–Todo lo anterior es para garantizar, por diseño, que se aproveche al máximo la agregación estadística y que se cumpla con la frecuencia de recolección exigida. Necesitamos además asegurar que durante la operación se cumpla con la frecuencia de recolección en cada punto de la ruta, independientemente de los problemas que aparezcan. El mecanismo de control de frecuencia es la clave para manejar la variabilidad instantánea.

–Entiendo.

–La idea también es simple. Todas las fuentes de variabilidad tienen el mismo efecto sobre el sistema: retrasan o adelantan el ritmo de un vehículo. Necesitamos comparar la posición teórica que debería tener un equipo de un circuito, en cada instante, con la posición real. Cuando la posición teórica es mayor que la real, significa que algo retrasó al equipo correspondiente, ya sea una mayor cantidad de basura que la esperada, un problema mecánico o un corte de ruta, y por lo tanto deberá lanzarse un equipo de apoyo. Cuando la posición teórica es menor que la real, significa que el equipo va más rápido que lo programado y por lo tanto debe detenerse y esperar.

–¿Detenerse y esperar?

–Sí. El objetivo no es recorrer la ruta lo más rápido posible, sino cumplir con la frecuencia de recolección en cada punto.

Eduardo se queda pensando. Daniel calla.

Unos minutos más tarde, Daniel concluye: –Si operamos de este modo, recolectaremos toda la basura de la ciudad cumpliendo con la frecuencia de recolección exigida, que es el objetivo específico para el que fue creado el sistema, y además gastaremos menos dinero que lo presupuestado.

–Ingenioso. Muy ingenioso.

–Las ideas son simples. El método es más simple que el actual y mucho más sólido. La mala noticia es que no será fácil de poner en práctica.

–Habrá que convencer a mucha gente para que cambie su modo de operar –reflexiona Eduardo.

–Hice algunos cálculos sobre los beneficios económicos esperados. ¿Quiere que lo veamos ahora? No sólo reduciremos significativamente el pago de multas y los gastos de la operación, sino que también podremos trabajar con menos camiones.

–Ya no puedo seguir pensando. Ha sido un día terrible. ¿Por qué no lo vemos mañana por la mañana?

–¿Tendrá tiempo? Su agenda suele estar bastante ocupada.

–Mis citas de mañana serán sobre "más de lo mismo": problemas generados por nuestro modo actual de operar. –Eduardo llama inmediatamente a su secretaria–. Necesito que postergue hasta el lunes todos mis compromisos de mañana –le dice– y que convoque a todo el equipo directivo a una reunión para todo el día. Daniel nos acompañará.

–Por la mañana estaré ocupado.

–¿A qué hora podrías llegar?

–A las once.

–No hay problema. Comenzaré contando lo que hemos hablado nosotros dos estos días, luego te incorporarás y discutiremos cómo llevarlo a cabo.

–Aún no tengo definido cómo vamos a respetar los horarios de trabajo de las tripulaciones, ni los horarios de circulación permitidos según la zona de la ciudad, ni...

–No te preocupes. En realidad, es mejor que no esté todo definido. Nos va a ayudar a superar la resistencia al cambio de mi gente.

Un mes después. En un bar del centro de la ciudad

–Pareces más tranquilo –comenta Alberto.

–Estoy más tranquilo –afirma Eduardo–. Por primera vez tengo claridad sobre qué debo hacer para mejorar la rentabilidad de la empresa. Afortunadamente no contraté el sistema de posicionamiento satelital que me ofrecieron hace tres meses.

Alberto sonríe.

–¿Qué pasa? –pregunta Eduardo.

–Daniel me contó que pensabas que ese sistema te iba a solucionar los problemas.

–Y en realidad no me hubiera servido de nada. Ahora veo las cosas con un enfoque muy diferente.

–Según Daniel, eso ocurre cuando experimentas un cambio de paradigma. Cambia totalmente tu interpretación de los hechos.

–Estuve a punto de dar por finalizada nuestra cita inicial cuando me dijo que nunca había usado sus herramientas para mejorar empresas de servicios. Estaba convencido de que no me serviría para nada.

–Si lo piensas detenidamente, ¿qué empresas no son de servicios?

–¿Qué quieres decir?

–Mira mi caso, por ejemplo. ¿Vendo bienes, o servicios?

–Bienes, sin duda. Fabricas tus propios productos.

–Sin embargo, mi elemento diferenciador es la velocidad de respuesta, no el hecho de que fabrique productos. Mi ventaja competitiva es el servicio, no el producto en sí.

–Interesante punto.

–Además, tal como descubrí trabajando con Daniel, todas las empresas son básicamente iguales: un conjunto de recursos que interactúan para cumplir con un objetivo.

–Fue mi mayor sorpresa. Ahora entiendo por qué él y tú estaban tan seguros de que sus herramientas podían tener un efecto positivo en el rendimiento de mi empresa, aunque aparentemente fuera tan diferente de la tuya.

–De ahí mi duda acerca de qué empresas son de servicios y cuáles de productos. ¿Tiene sentido distinguirlas?

–No lo sé.

Ambos beben en silencio.

–Otra cosa que me sorprendió mucho es el mecanismo de control de frecuencia de recolección –cuenta después Eduardo–. Es muy simple y, a la vez, muy efectivo.

–Nosotros aplicamos algo similar para administrar nuestras existencias –responde Alberto.

–Normalmente dedicamos mucho tiempo a planificar y muy poco a instrumentar mecanismos de control simples y efectivos. Actuamos como si creyéramos que no existirá variabilidad dentro de nuestros sistemas ni en el entorno.

–Rubén y yo estuvimos pensando justamente en este tema la semana pasada. Comparamos lo que hicimos en nuestra empresa con lo que tú estás haciendo en la tuya y concluimos que en ambos casos Daniel siguió la misma lógica de razonamiento.

–Es normal que así sea. Usó las mismas herramientas.

–No es una cuestión de herramientas, sino de *proceso sistemático de análisis y búsqueda de soluciones.* Primero define claramente cuál es el objetivo del sistema y cómo medir su cumplimiento. Luego genera un diseño tal que cumpla completamente con dicho objetivo y a la vez maximice el aprovechamiento de los recursos. Básicamente, trata de reducir el impacto de la variabilidad buscando la agregación estadística. De ese modo, por diseño, se asegura de maximizar la rentabilidad del sistema.

–Y en el proceso de diseño, elimina barreras autoimpuestas –afirma Eduardo–. Nosotros, por ejemplo, nunca nos habíamos preguntado por qué dividíamos la ciudad en rutas, ni por qué asignábamos sólo un vehículo a cada una, ni por qué lanzábamos todos los camiones simultáneamente. Resultaron ser barreras autoimpuestas que impedían al sistema mantenerse protegido contra las fuentes de variabilidad. No había razón alguna para operar de ese modo.

–Pero el proceso no termina allí. A continuación, establece mecanismos de control que permitan al sistema autorregularse cuando aparece variabilidad interna o externa. Finalmente, define indicadores de gestión que induzcan en cada persona los comportamientos individuales que se requieren.

–Estoy de acuerdo contigo. El mismo proceso seguimos nosotros. En este momento estamos definiendo los indicadores de gestión. En vez de buscar en libros o consultar a otras empresas similares a la nuestra, comenzamos haciendo una lista de las conductas que queremos estimular y cuáles queremos evitar en cada puesto de trabajo.

–En tu caso, es bien complicado llevar a cabo estos cambios. ¿Cómo van las negociaciones con el sindicato y el gobierno de la ciudad?

–No son fáciles, pero tengo el apoyo de todos los accionistas. Según nuestros cálculos, una vez que el nuevo método de operación esté funcionando a pleno, podremos cumplir totalmente los compromisos, con gastos veinte por ciento menores que los presupuestados y el diez por ciento menos de vehículos.

–Suena muy bien.

–Sí, estoy contento. Las negociaciones son duras, pero avanzan a paso firme.

–¿Cómo convencerás al sindicato?

–Las horas extra son el problema principal con ellos. Actualmente, las tripulaciones cobran mucho dinero por mes, debido a los viajes adicionales que se deben hacer para terminar la recolección. Con el nuevo método, ese gasto se reducirá casi hasta cero. Estamos diseñando bonos basados en los indicadores de gestión individuales que inducirán las conductas que necesitamos. Repartiremos todo el dinero que ahora se gasta en horas extra, pero a las tripulaciones que se desempeñen según lo que la empresa requiere de ellas. El gran ahorro proviene del combustible, refacciones, multas y menor inversión en vehículos.

–Buena idea.

–Si todo sale como lo planificamos, este año tendré el mayor bono de mi vida.

–Si así están las cosas, amigo, hoy pagarás tú la cuenta.

Seis meses después. En un congreso internacional sobre salud pública y medio ambiente

Eduardo está nervioso. Ha sido invitado al congreso para compartir con colegas de todo el mundo su experiencia de los últimos meses. Comienza la presentación.

"El problema de la basura existe desde que los seres humanos empezamos a congregarnos en tribus, aldeas y comunidades. La preocupación por garantizar la salud pública y el cuidado del ambiente le ha dado un lugar prioritario en la actualidad.

"La teoría de la evolución sostiene que los seres vivos nos adaptamos al ambiente. También ocurre a la inversa: los seres vivos modificamos nuestro entorno. Hace millones de años, en este planeta abundaban bacterias que se alimentaban de azufre y eliminaban oxígeno. Así modificaron la atmósfera e hicieron posible la existencia de seres que nos alimentamos de este nuevo elemento. Al mismo tiempo, su propia existencia se vio seriamente comprometida debido a que el oxígeno es veneno para ellas. ¿Qué sucederá con nosotros si no administramos correctamente nuestros residuos? ¿Qué nuevas especies aparecerán?

"Aunque la recolección domiciliaria ha recibido atención desde hace varias décadas, actualmente ha llegado a ser un factor crítico por los altos costos de combustible y mano de obra que implica, y por su complejidad, que se deriva de la combinación de diferentes factores."

Habiendo captado la atención del auditorio, Eduardo continúa su charla contando lo sucedido en la empresa que dirige.

CIMIENTOS PARA CONSTRUIR SU PROPIO PUENTE

10. Cuando se diseña un sistema, se debe tener en cuenta que para protegerlo de la variabilidad se requiere menos capacidad adicional en sus recursos cuanto mayor sea el nivel de agregación de los objetivos a alcanzar.
11. Cuanto más se exija a un sistema cumplir con objetivos parciales, mayor será su vulnerabilidad ante hechos imprevisibles.
12. En todo sistema debe establecerse un mecanismo de control que le permita autorregularse cuando aparece variabilidad interna o externa.

"NOS HEMOS CONVERTIDO
EN ALGO DEMASIADO COMPLEJO"

Tres meses antes del congreso internacional sobre salud pública y medio ambiente. En las oficinas centrales de un importante grupo empresarial

–Durante los últimos diez años, hemos ejecutado una estrategia de integración vertical –sostiene Marcelo, director general del grupo–. Hemos comprado varias empresas que eran proveedoras nuestras y nos hemos organizado en unidades de negocios, cada una con su propio balance general y estado de resultados. La interacción entre ellas se realiza según la habitual relación cliente–proveedor.

Marcelo es delgado, de estatura mediana y tiene aproximadamente cincuenta años. Como la mayoría de los ejecutivos, viste con traje y es muy activo. El conocimiento que tiene del negocio y sus habilidades de liderazgo le han permitido ganarse el respeto de su equipo de trabajo en poco tiempo. Como rival, es digno de ser temido.

–¿Me puede explicar lo último que dijo, por favor? –solicita Daniel.

–Sí. Cada unidad de negocios elige libremente a quién comprar sus materias primas y servicios. No existe obligación de adquirirlos a otras empresas del grupo.

–Entiendo –dice Daniel.

–Como te comenté la semana pasada, me pareció interesante la conferencia que diste en la escuela de negocios.

Creo que aprender las herramientas que tú conoces puede ayudarnos a ser más rentables.

–¿Por qué?

–Nos hemos convertido en algo demasiado complejo. Esta situación genera muchos conflictos entre los directores de las unidades de negocios. Necesitamos que trabajen en equipo y tomen decisiones considerando el impacto en todo el grupo, no aisladamente.

–Entiendo.

–Son personas bastante ocupadas y deben decidir si capacitarse o no. He pensado que tú podrías hacerles una presentación a fin de despertar su interés. Si lo logras, seguramente encontrarán el tiempo necesario.

–¿Qué día le parece conveniente?

–Por favor, habla con mi secretaria, para que se encargue de organizarlo.

–De acuerdo, Marcelo.

Dos semanas después. En las oficinas centrales del grupo

La presentación ha comenzado hace diez minutos. Los asistentes son Fernando, Pablo y Miriam, directores de las unidades de negocios.

"Si tuviera que describirlos", piensa Daniel, "usaría las mismas palabras que para Marcelo: 'ejecutivos profesionales', sin duda alguna."

Daniel comienza a desarrollar el tema central.

–Usemos un ejemplo sencillo –dice– para deducir la diferencia entre pensamiento cartesiano y pensamiento sistémico. Supongamos una empresa que fabrica un único producto mediante un proceso que requiere de dos personas, Andrea y Guillermo. –Daniel muestra la figura 2:

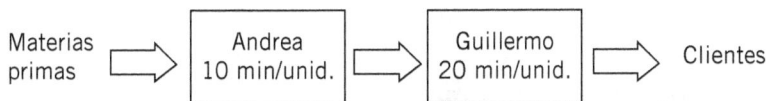

Figura 2. El ejemplo que presentó Daniel

–Ellos trabajan ocho horas por día y los clientes están dispuestos a adquirir todo lo que la empresa esté en condiciones de producir. ¿Alguna pregunta hasta aquí?

–No –aseguran los tres al unísono.

–La materia prima es procesada por Andrea, que tarda diez minutos por unidad. En una segunda operación, Guillermo finaliza el proceso de producción, en el que invierte veinte minutos por unidad. Una vez elaborado, el producto es enviado directamente a los clientes, quienes pagan al contado. Por su parte, los proveedores están en condiciones de entregarnos en forma instantánea toda la materia prima necesaria para la fabricación. El ejemplo es así de sencillo. Ahora vienen las preguntas: ¿a qué ritmo debe funcionar cada recurso para obtener el máximo rendimiento de esta empresa?

–Obviamente a la velocidad del más lento. No tiene sentido que Andrea esté todo el tiempo fabricando –responde Miriam–. Sólo acumularía stock innecesario.

–¿Cuál es la utilización de Andrea si fabrica tres unidades por hora? –pregunta Daniel.

–Cincuenta por ciento –se apresura Pablo.

Fernando, Pablo y Miriam se miran. Fernando toma la palabra:

–A ver, Daniel, me parece que nos estás subestimando. ¿Adónde quieres llegar?

–Este ejemplo es muy sencillo, de acuerdo. –Daniel parece nervioso–. No es mi intención subestimarlos. Probablemente es un prejuicio, pero las veces que omití etapas de esta exposición hubo que dedicar demasiado tiempo a la discusión de las consecuencias prácticas que se derivan de estos conceptos. Quizás el problema sea que yo no sé cómo explicarlo de otra manera.

–Déjalo que avance, Fernando –propone Miriam.

–¿Qué sucederá con Andrea cuando el supervisor a cargo note que su eficiencia es tan baja? –continúa entonces Daniel.

–Nada –afirma Fernando.

–¿Nada? –Daniel se ha sorprendido.

–No es problema de Andrea, sino de quien hizo la asignación de tareas a los recursos –sostiene Fernando.

–Es muy interesante lo que acaba de decir. Según entiendo, usted sugiere que este sistema está mal diseñado. Vamos a aprovechar este momento para deducir algunos conceptos importantes. ¿Qué haría para mejorar el rendimiento?

–Como Andrea y Guillermo son personas, redistribuiría la carga de trabajo para que ambos demorasen la misma cantidad de tiempo. Me parece recordar que se llama "nivelación de líneas".

–¿Podría representarlo en un gráfico? –solicita Daniel.

–Sí, claro. –Fernando dibuja la figura 3.

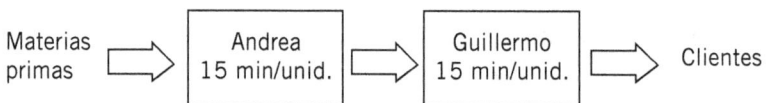

Figura 3. La modificación que sugiere Fernando

–Acaba de plantear un tema clave, Fernando. –Daniel comienza a recuperar la tranquilidad. –¿Es usted ingeniero industrial?

–Sí.

–Por algún motivo que aún no identifiqué, durante los estudios de Ingeniería Industrial se adquieren herramientas contradictorias y muchas veces no somos conscientes de ello. Aquí tenemos un ejemplo. Por un lado, se habla de que una línea perfectamente equilibrada es aquella en la cual los productos tardan el mismo tiempo en todas las estaciones de trabajo. Por otro lado, una de las conclusiones básicas de la teoría de colas es que resulta imposible tener una línea estable cuando los productos tardan el mismo tiempo en todas las estaciones de trabajo. En resumen, se dice "Equilibre la capacidad de los recursos" y simultáneamente "No equilibre la capacidad de los recursos". ¿Qué les parece?

–No soy ingeniero industrial –comenta Pablo–. No entiendo muy bien de qué están hablando.

Miriam ha dejado de revisar su correo electrónico, y está prestando atención al diálogo. –Yo tampoco soy ingeniera industrial –interviene–, pero en la maestría en Administración de Empresas recuerdo haber leído algo sobre la teoría de colas. No me pareció que fuera útil.

–Lamentablemente, mucha gente piensa lo mismo y es por ello que en la práctica se aprovecha tan poco. Existen, a mi entender, dos herramientas fundamentales: la *Teoría estadística de la agregación* y la *Teoría de colas*. La primera es muy útil en situaciones donde hay variabilidad y los sucesos dominantes son independientes, mientras que la segunda lo es cuando existe variabilidad y los sucesos dominantes son dependientes. Y no es necesario ser matemático para usarlas.

–Cada vez entiendo menos –interrumpe Pablo.

–Yo también estoy perdida –confiesa Miriam.

–Creo que nos desviamos del tema –declara Fernando.

–Tiene razón, Fernando. Me entusiasmé con los aspectos formales y perdí de vista el objetivo de hoy –se disculpa Daniel–. A propósito, ¿han observado que este sencillo ejemplo genera discusiones profundas?

–Es verdad, pero ahora volvamos al análisis de la propuesta de Fernando –sugiere Miriam.

–Con la modificación propuesta por Fernando, ¿cuántas unidades, en promedio, puede producir esta empresa en una hora? –pregunta Daniel.

–Si cada recurso tarda quince minutos por unidad, entonces se producirán cuatro unidades por hora –participa Pablo.

–No, la mayoría de las veces se producirá menos –advierte Daniel.

Los tres se miran, intrigados.

Daniel continúa: –Existe una tendencia natural a usar valores promedio en todos los razonamientos y cálculos. Sin embargo, es importantísimo el efecto de la variabilidad sobre el rendimiento de un sistema. No considerarla en el análisis genera innumerables decisiones equivocadas.

–Deduzco que por esa razón tantos expertos recomiendan reducirla –aporta Fernando.

–Se puede reducir, pero nunca se logrará eliminarla por completo –afirma Daniel–. Para demostrar en forma simple cómo afecta en los procesos, supongamos que el tiempo de cada operación, según el clima, el voltaje eléctrico, el humor de las personas o lo que sea, puede ser diez minutos por unidad o veinte, con igual probabilidad. Es decir que el valor promedio es quince minutos por unidad, pero el cincuenta por ciento de las veces se tarda diez y el restante cincuenta por ciento de las veces se tarda veinte. Volvemos a la pregunta: ¿cuántas unidades, en promedio, puede producir esta empresa en un día?

Fernando comienza el análisis. –Se pueden dar cuatro casos con iguales probabilidades. El primero es que Andrea trabaje a un ritmo de veinte minutos por unidad y Guillermo también, con lo que se obtendrían tres unidades por hora. El segundo es que Andrea trabaje a un ritmo de veinte minutos por unidad y Guillermo esté disponible para hacerlo en diez, es decir, también tres unidades por hora. El tercero es que Andrea trabaje a un ritmo de diez minutos por unidad y Guillermo lo haga a veinte, con igual resultado. El cuarto y último caso es que Andrea trabaje a un ritmo de diez minutos por unidad y Guillermo también, con lo que se producirían seis unidades por hora. El valor promedio es, entonces, menor que cuatro unidades por hora.

–Así es –concuerda Daniel.

Miriam participa nuevamente: –Con ese razonamiento, la velocidad real de Guillermo depende de él mismo y de lo que hace Andrea. Es posible que Guillermo se levante un día de buen humor y esté dispuesto a terminar seis unidades en una hora, pero no podrá hacerlo si Andrea sólo le entrega tres.

–¿Son sucesos dependientes? –pregunta Pablo.

–Exactamente –aprueba Daniel–. En este ejemplo, al igual que en cualquier organización, la combinación de variabilidad y sucesos dependientes hace que no sea totalmente eficaz usar valores promedio para tomar decisiones. La regla práctica es: *tomar decisiones sobre la base de valores promedio es menos efectivo cuanto mayores sean la variabilidad y las interdependencias que hay en un sistema.*

–No es de extrañar, entonces, que la administración de empresas de servicios sea más difícil que la de empresas industriales –concluye Fernando.

Daniel recuerda una charla que ha tenido con Alberto sobre la pertinencia de clasificar a las empresas según produzcan bienes o servicios. Sin embargo, no hace comentarios para no desconcentrar al grupo, y continúa preguntando: –¿Cómo podríamos lograr que Guillermo funcione siempre a un promedio de cuatro unidades por hora, independientemente de lo que suceda con Andrea?

–Se necesita desconectar ambos recursos mediante un stock intermedio. Nosotros siempre tenemos una reserva de los materiales que ustedes nos envían, Fernando, justamente para evitar que los problemas en tu planta nos obliguen a interrumpir la producción. –Miriam comienza a conectar los conceptos con su realidad diaria.

–Pues si trabajan de ese modo, ¿por qué nos hacen tantos pedidos urgentes? –reacciona Fernando.

–Ya te dije muchas veces que los clientes nos presionan –responde Miriam un poco irritada.

–Las discusiones de siempre –piensa Pablo en voz alta.

–Las "discusiones de siempre" se deben a la estructura del sistema del que forman parte, no a que ustedes sean malos directivos –interviene Daniel, tratando de evitar una discusión improductiva. Y lo logra, pues con sus palabras ha captado nuevamente la atención de los tres.

–¿La estructura del sistema? –se interesa Pablo.

–Sí –afirma Daniel con énfasis–. Voy a demostrarles cómo la estructura actual del sistema provoca los conflictos permanentes entre ustedes. Pero antes necesito que terminemos el análisis teórico de este caso sencillo.

–De acuerdo. Volvamos al ejercicio –dice Miriam, más calmada, y Daniel vuelve al ejemplo:

–¿De qué tamaño debe ser, en este caso, el stock intermedio?

Nadie responde.

Daniel continúa. –Se puede demostrar que, dado que Andrea y Guillermo tienen igual velocidad de producción, necesitaríamos un tamaño infinito, lo que es imposible desde el punto de vista práctico. ¿Qué más necesitamos, entonces, para que Guillermo pueda funcionar a un promedio de cuatro unidades por hora?

Todos siguen en silencio.

"¿Están confundidos, o continúan pensando en las habituales discusiones entre ellos?", se pregunta entonces Daniel. Decide acelerar el paso: –Necesitamos que Andrea tenga una velocidad de producción promedio mayor que la de Guillermo, para poder recuperar el stock cuando sea necesario. Es decir que, para conseguir que él fabrique en promedio cuatro unidades por hora, se necesita tener un banco de trabajo entre ambos y además que ella tenga capacidad adicional. De aquí se deduce otra regla práctica: *para que un recurso pueda funcionar al ciento por ciento, es necesario que los otros tengan capacidad adicional.*

–Interesante ejercicio –señala, pensativo, Fernando.

–Aún no entiendo qué tiene que ver la teoría de colas con esto –insiste Miriam.

–Estamos deduciendo sus fundamentos sin mencionar su nombre –afirma Daniel–. Como les comenté anteriormente, no es necesario ser matemático para aplicar los conceptos.

–A ver si entendí –dice Pablo–. La propuesta de mejora que presentó Fernando no funciona en la práctica, ya que existe variabilidad, y los sucesos son dependientes. En situaciones como esa, los retrasos se acumulan, mientras que los adelantos no siempre se pueden aprovechar.

–¿Cómo deben diseñarse las líneas de producción, entonces? –pregunta Fernando.

–En la práctica, existen al menos dos opciones: se define por diseño que un recurso sea el de menor capacidad adicional del sistema, o bien se modifica la capacidad dinámicamente de manera de contrarrestar el efecto negativo de la variabilidad –responde Daniel con seguridad.

–Hace unos años asistí a una conferencia donde se mostraron ejemplos de aplicación de la segunda opción en la industria de la confección. Creo que funciona bien cuando los procesos son intensivos en mano de obra, ya que es sencillo modificar la cantidad de personas en cada estación de trabajo. Pero si estamos hablando de máquinas, la primera tiene más sentido –aporta Fernando, que presta mucha atención al coloquio.

–Y en nuestro ejemplo inicial, al parecer, se optó por la primera solución –continúa Daniel–. Bien, ahora que ya aclaramos estos conceptos, volvamos a la pregunta pendiente: ¿qué sucederá con Andrea, cuando el supervisor a cargo note que su eficiencia es tan baja?

–El supervisor "sugerirá" a Andrea que mejore, que dé lo máximo de sí –afirma Miriam.

–Si Andrea decide obedecer al supervisor, entonces perjudicará a la empresa, ya que se acumulará material en proceso a razón de tres unidades por hora, pero no se venderá ni una sola unidad más. Pero si decide actuar según lo que requiere la empresa, entonces su empleo estará en riesgo –razona Pablo, quien también está participando activamente.

–Nuestra tendencia a medir cada recurso en función de su capacidad individual y no según lo que es mejor para el sistema es, en este caso, causante de permanentes conflictos entre Andrea, el supervisor y el responsable de mantener las existencias bajo control, entre otras cosas –resume Daniel. Y añade: –Solemos suponer que el máximo rendimiento de un sistema se obtiene cuando todos sus recursos funcionan al máximo. Esto se conoce como *pensamiento o paradigma cartesiano,* y era el marco de la visión del mundo hasta mediados del siglo XX. El *pensamiento o paradigma sistémico,* en cambio, sostiene que el máximo rendimiento se consigue cuando sólo unos pocos recursos funcionan al máximo.

–Espera un momento. No te aceleres. Déjame ver si entendí bien. De lo que has dicho infiero que la aplicación del pensamiento cartesiano es menos válida cuanto mayores sean la variabilidad y las interdependencias que hay en un sistema. ¿Correcto?

–Sí, Fernando.

–Otra regla práctica es, entonces, que *no se debe exigir a un recurso que maximice su desempeño con relación a su capacidad individual, sino que actúe según lo que el sistema necesita de él.*

–Sí, Miriam. Exactamente –aprueba otra vez Daniel.

–El gerente de mi planta y su personal deberían escuchar esto –comenta Pablo.

–Buena idea. Es un interesante tema de administración de operaciones –opina Fernando.

–¿Le parece que sólo eso, Fernando? –pregunta Daniel.

–¿Hay algo más? –pregunta Fernando.

A modo de respuesta, Daniel lanza ahora la pregunta clave: –¿Por qué creen que se producen los constantes conflictos entre ustedes tres? Están inmersos en una situación similar a la que viven Andrea y Guillermo. Pablo y usted abastecen a Miriam de los materiales que ella necesita.

–Cuando nos compra –acota Fernando, con sarcasmo.

–Tiene razón. Cuando les compra. Cuando no les compra, la situación es la misma entre ella y los proveedores externos. Ahora bien, estamos hablando de relaciones entre unidades de negocios. Aquí el impacto económico de las decisiones cartesianas es mucho más grande que dentro de una fábrica.

–¿Puede determinarse? –pregunta Pablo.

–Sí. Y por lo que Marcelo y ustedes me han contado, deduzco que existe una gran oportunidad de mejora. Las decisiones que están tomando, inducidas por las reglas de funcionamiento e indicadores de gestión actuales, probablemente no sean las más adecuadas. ¿Quieren que lo analicemos?

–Yo tengo una cita con un cliente dentro de media hora. Intuyo que necesitaremos más tiempo. ¿Podríamos reunirnos nuevamente la semana próxima? –Fernando muestra su interés en seguir adelante.

–Yo podría el jueves. ¿Nos encontramos a la misma hora? ¿Cuánto tiempo necesitaremos? –Miriam también quiere seguir adelante.

–Me gustaría que hagamos juntos un ejercicio basado en un caso real. Por razones de confidencialidad, no puedo mencionar su nombre ni usar los datos verdaderos, pero esa empresa estaba en una situación similar a la que están atravesando ustedes ahora.

–Me gusta la idea –afirma Pablo.

–De acuerdo. Nos vemos el jueves a la misma hora. –Fernando se despide y se retira. Los demás lo siguen.

Miércoles por la noche. En casa de María y Daniel

María acaba de llegar de la universidad, exhausta. Daniel está delante de la computadora.

–Hola, querida. –Se besan. –¿Por qué tan cansada?

–Hoy ha sido un día de muchas horas de clase. Además, el bebé no ha dejado de moverse. ¿Aún estás trabajando?

–Aprovechaba el tiempo hasta tu llegada. Ya termino.

María se cambia de ropa y prepara la cena. Daniel sigue delante de la máquina.

–¿Y?

–¿Cómo? ¿Qué?

–¿No estabas terminando hace media hora?

–Ya casi...

–¿Has visto que hora es, Daniel?

–¡Qué tarde! No me había dado cuenta. Tienes razón. Bueno, vamos a cenar. Después sigo con esto.

–¿Es la presentación para mañana?

–Sí.

–¿Qué preparaste?

–El mismo ejercicio que utilicé con tío Alberto y Rubén. Le hice una pequeña modificación para ilustrar el efecto de los precios de transferencia.

–¿Qué te falta?

–Sólo cuestiones estéticas. Armar bien las columnas, hacer distinciones tipográficas... detalles.

–¿Crees que esos detalles son importantes para el buen resultado de mañana?

–Pero es que ya termino...

María no necesita hablar. Su cara es más que elocuente.

–De acuerdo, de acuerdo. –Él apaga la computadora, se lava las manos, y se acerca a la mesa.

–¿Calientas nuevamente la comida, por favor, Daniel?

–Sí, amor. –Mientras el microondas está funcionando,

94

corta trozos del queso que más le gusta a María. Reflexiona sobre lo poco cortés que fue con ella y se pregunta cómo recuperar su buen humor.

Jueves por la mañana. En las oficinas centrales del grupo

La reunión ha comenzado hace dos horas. Han estado trabajando con el mismo ejercicio presentado en la figura 1 y la tabla 1. Miriam, Fernando y Pablo están tan impresionados como lo estuvieron en su momento Alberto y Rubén. La dinámica de trabajo ha sido parecida.

–No imaginaba que este tema fuera tan profundo –comenta Miriam.

–Yo tampoco –reconoce Fernando–. Vamos a tener que revisar el modo en que tomamos decisiones. El problema es que resulta muy difícil que nosotros mismos identifiquemos cuáles de nuestras premisas son válidas y cuáles no.

–Tienes razón. Jamás hubiera pensado que el método que usamos para analizar la rentabilidad de productos fuera inadecuado para la realidad de nuestras empresas. Me pregunto cuántas otras reglas de toma de decisiones están en la misma situación. –Pablo no habla mucho, pero es muy claro cuando lo hace.

Daniel confirma los comentarios. –No estamos acostumbrados a preguntarnos en qué condiciones son válidas las herramientas que usamos. Como consecuencia, métodos que hace años fueron extraordinariamente útiles, ahora son nuestros peores enemigos, sin que nos demos cuenta.

Luego de unos segundos, Daniel rompe el silencio nuevamente. –Hagamos una pequeña modificación al ejercicio para enfocar nuestra atención hacia las relaciones entre unidades de negocios de un mismo grupo empresarial.

–Ahí es adonde queremos llegar –exclaman los tres, a coro.

–Supongamos que Aníbal y Silvina son unidades de negocios. Aníbal se da cuenta de que puede fabricar el componente que consume Silvina para el producto Z. Necesita comprar la materia prima, que cuesta \$1 por unidad de producto, y procesarla durante cinco minutos. –Daniel muestra la tabla 8. –Aníbal ofrece a Silvina venderle el componente al costo. Considerando materia prima y mano de obra, él piensa que \$3 por unidad es un valor justo. ¿Qué le conviene a ella? ¿Qué le conviene al grupo?

Tabla 8. Aníbal y Silvina son unidades de negocios del mismo grupo empresarial. El costo del componente y el tiempo de Aníbal, para el producto Z, son diferentes de los de la tabla 1

	Producto W	Producto X	Producto Z
Demanda mensual (unidades)	100	400	250
Precio de venta (\$ / unidad)	25	30	27
Costo materia prima (\$ / unidad)	15	15	15
Costo componente (\$ / unidad)	–	–	1
Tiempo de Aníbal (minutos / unidad)	5	5	25
Tiempo de Silvina (minutos / unidad)	10	20	8

–Cualquier parecido con la realidad es pura coincidencia, ¿no? –acota Fernando, dando a entender que reconoce que el ejercicio expone exactamente uno de los conflictos clave entre él y Miriam.

Pablo y Miriam confirman con sonrisas la alusión de Fernando.

–¿Quién comienza el análisis? – pregunta Daniel.

–Sin duda, suponiendo igual calidad y servicio, a Silvina no le conviene aceptar la propuesta de Aníbal. Sólo aumentaría su costo de materias primas –opina Fernando, y a continuación muestra una tabla similar a la tabla 5. –Por otro lado, el grupo gastaría \$250 menos ya que ahorraría \$1 por unidad vendida del producto Z. Como actualmente tiene

$950 de utilidad neta, adoptando la idea de Aníbal pasaría a tener $1.200. Es decir que la mejora sería del veintiséis por ciento.

–No puede ser. Algo está mal. ¿Cómo puede incrementarse veintiséis por ciento la utilidad neta si solamente estamos ahorrando $1 por unidad de Z vendida? –inquiere Miriam, confundida.

–Porque todos los otros gastos se mantienen –descubre Pablo–. Seguimos pagando los mismos sueldos, renta y demás gastos que no dependen directamente de cuántas unidades se venden. Por lo tanto, el ahorro de materias primas incrementa directamente las utilidades del grupo.

–El problema en el análisis de Fernando es que sólo podría ser válido si fueran válidos los supuestos en los que se basa –explica Daniel.

–Déjame pensar. Nuestros cálculos suponen que no será necesario incrementar la capacidad de Aníbal. Tenemos que verificarlo.

–Muy bien, Pablo. Adelante –lo alienta Daniel.

Pablo hace los cálculos. A continuación explica que Silvina sigue siendo el recurso escaso, X el producto menos rentable y que, por lo tanto, se seguirán vendiendo trescientas treinta unidades de X, cien de W y doscientas cincuenta de Z.

–El grupo de empresas mejoraría con la propuesta de Aníbal. Obviamente, él también mejoraría. Pero ella terminaría perjudicada –dice Miriam, que se siente identificada con Silvina.

–¿Por qué? –pregunta Daniel.

–Porque va a tener menos utilidades que comprándole al proveedor externo. –Pablo apoya a Miriam.

–Exactamente –confirma Daniel–. ¿Se dan cuenta de que, en estas condiciones, los conflictos entre Aníbal y Silvina son inevitables? Aníbal siempre tratará de vender a Silvina al precio más alto posible, mientras que ella buscará comprar al menor precio posible. Así las cosas, las relaciones entre ambos se deterioran. Como es natural, cada uno está dirigido a maximizar sus utilidades individuales en vez de maximizar las de la empresa.

–¿Y por qué Aníbal no vende el componente a Silvina a $2 por unidad? Para él representaría un incremento de utilidad importante, y ella no sufriría ningún cambio –interviene ahora Fernando, que ha permanecido varios minutos en silencio.

–¿Y por qué Silvina no puede obtener algún beneficio también? ¿Por qué no repartir el incremento de utilidades entre ambos? ¿Por qué no establecer un precio de $1,5 por unidad? –Miriam sigue identificándose con Silvina.

–Porque Aníbal es quien hará todo el esfuerzo. Silvina no colabora en nada –opina nuevamente Fernando.

–¡Cómo que no colabora en nada! –comienza a irritarse Miriam.

–¡Un momento, por favor! –Daniel trata de evitar un conflicto innecesario. –Esto que estamos viviendo es exactamente el problema que aparece cuando se trata de establecer precios de compraventa entre unidades de negocios. Quizás, en vez de preguntarnos cuál es un precio de compraventa justo para ambas partes, deberíamos preguntarnos por qué es necesario que exista.

–¿Qué? No entiendo. ¿No es obvio? –dice, desconcertado, Fernando.

–No, no es obvio que deba existir –afirma Daniel.

–A ver, Daniel, explícate –pide Pablo.

–El precio de compraventa es un concepto creado para dar respuesta, según entiendo, a dos preguntas. La primera es qué rentabilidad genera cada unidad de negocios, y la segunda es cómo se reparte el dinero generado por la venta de productos a los clientes externos al grupo. ¿Estamos de acuerdo?

–Continúa.

Daniel desarrolla el nuevo tema: –El desempeño de cada unidad de negocios se mide por su balance general y su estado de resultados. Los precios de compraventa entre ellas afectan directamente a ambos estados financieros. Como seguramente ustedes, siendo directores generales, reciben a fin de año un bono proporcional a la rentabilidad individual que alcancen, es natural que luchen tan enérgicamente por lograr un mejor precio de venta o de compra, según el caso.

–Nos estás explicando las consecuencias negativas de usar precios de compraventa, pero no cómo trabajar sin ellos –interrumpe Miriam, tan atenta como de costumbre.

–¿Para qué medir la rentabilidad individual de cada unidad de negocios? Lo importante es la rentabilidad del grupo de empresas. El paradigma cartesiano continúa golpeándonos duramente.

–Tienes que medir las unidades de negocios, Daniel. Es necesario tanto para la corporación como para ellas mismas –rebate Fernando.

–Estamos de acuerdo. Es necesario medirlas. El problema es que estamos usando indicadores de gestión que las inducen a tomar decisiones que perjudican al sistema. Debemos coordinarlos con los objetivos globales.

–No puedo imaginarme otra forma de medirnos –comenta Pablo.

–Podría contarles la experiencia que tuve en otra empresa a fin de que evalúen si las conclusiones que obtuvimos allí son útiles en este caso. Sin embargo, antes preferiría que analicemos la segunda pregunta que se quiere responder con el concepto de precio de compraventa. ¿Tiene sentido esta pregunta?

–Esta vez, prefiero escucharte antes de hablar –dice Fernando, sonriendo.

–Según mi análisis, sí tiene sentido, pero el medio elegido para responderla está equivocado. Si el dinero generado se reparte entre las actuales, nunca aparecerán nuevas unidades de negocios.

–¿Nuevas? –pregunta Miriam.

–El dinero generado por el sistema no es de las unidades de negocios, sino de los dueños de la corporación. Ellos deben decidir cómo lo asignan. Pueden optar por hacer crecer las actuales, o bien por crear nuevas.

–Vaya, vaya. Qué afirmación. –Pablo está sorprendido.

–¿Nos estás diciendo que el dinero que generamos no es nuestro? –se alarma Miriam.

–Exactamente. La función de un director es contribuir a maximizar la rentabilidad de la corporación, pero no es decidir qué hacer con el dinero que se genera. No tiene todos los elementos para hacerlo.

–Me está costando asimilar todo esto, pero entiendo tu razonamiento. Por mi lado, preferiría que nos detengamos en este punto y nos demos unos días para reflexionar. Estamos hablando de cosas muy serias –dice Pablo, sin ocultar su preocupación.

–Si les parece –propone Miriam–, podemos seguir el lunes.

–De acuerdo. Por la tarde –acepta Fernando.

–Muy bien. Nos vemos aquí el lunes por la tarde –cierra Daniel.

Sábado por la noche. En casa de María y Daniel

Daniel está en la cocina.

"¿Qué está pasando?", piensa María, intrigada. "Daniel no suele ser tan gentil. Ayer me trajo flores, hoy helado, ahora está cocinando y cortando un trozo de mi queso favorito. Esto es muy raro. ¿Qué estará por pedirme? ¿O qué habrá hecho? Recuerdo un chiste muy gracioso con relación a situaciones como esta. Sea lo que fuere, ¡a disfrutar! No sé cuándo se repetirá algo así."

–Bueno. La cena está lista. ¿Abro una botella de vino?

–Estoy embarazada, mi amor.

–Ah, sí, cierto. Refresco para dos, entonces.

Suena el teléfono.

–¿Cómo estás, Daniel?

–Hola, Eduardo. ¿Cómo va todo?

–Muy bien. Hay contratiempos, pero en general las cosas están marchando de acuerdo con lo planeado. Un amigo dice que el demonio está en los detalles, y tiene razón, porque siempre surge algo no previsto. Te llamé para contarte que me invitaron a presentar el trabajo que estamos realizando en un congreso internacional sobre salud pública y medio ambiente.

–Felicitaciones.

–Gracias. ¿Y cómo van tus cosas?

–Bien. Miriam, Fernando y Pablo son muy seguros de sí mismos y defienden sus ideas con energía. Sin embargo, saben escuchar, reflexionar y modificar su esquema de decisión. No es casualidad que ocupen los puestos que actualmente tienen. Marcelo ha elegido bien. El grupo, sin duda, va a tener mucho éxito.

–Miriam es brillante. Ayer me encontré con ella en el club. No la había visto desde que dejé la empresa de emergencias médicas. Está entusiasmada.

–Gracias por contármelo, Eduardo. Dígame, ¿le molestaría si lo llamo el lunes y hablamos tranquilos? Porque ahora, la verdad, es que estoy ocupado.

–Me gustaría que me ayudes a preparar la presentación para el congreso.

–El lunes lo llamo. ¿De acuerdo? Muy bien. Gracias. Saludos.

Daniel cuelga el teléfono y se vuelve hacia su esposa.

–¿En qué estábamos? Ah, sí, ya recuerdo. La cena. ¿Preparada para saborear tu menú favorito?

María no sale de su asombro.

Lunes por la tarde. En las oficinas centrales del grupo

–No sabía que usted también iba a estar presente –dice Daniel a Marcelo, después de saludarlo.

–Esta mañana realizamos la reunión mensual de directores de unidades de negocios. Miriam, Pablo y Fernando me comentaron el análisis que están realizando y me pareció importante participar hoy. ¿Te parece bien?

–Ha sido una idea excelente. ¿Dónde están ellos?

–Han salido a comer, ya deben de estar por volver. ¿Cómo van las cosas?

–Creo que estamos orientados. Hemos descubierto una falta de coordinación entre los indicadores de gestión locales y los globales.

–Luego de escuchar tu charla en la escuela de negocios, comencé a intuir que nuestro problema de fondo estaba allí. Durante más de un año me he estado preguntando por qué existen tantos conflictos entre ellos tres y de cada uno con la corporación.

–Es bueno saber que coincidimos en el diagnóstico. ¿Qué le han dicho?

–Están entusiasmados y a la vez desconcertados. Sienten que han encontrado la causa raíz, pero no saben cómo eliminarla. Por primera vez percibí que están trabajando juntos contra el problema en vez de discutir entre ellos.

–En la sesión de hoy me propongo definir los nuevos indicadores de gestión para las unidades de negocios. ¿Se podrá llevar a cabo lo que decidamos? Me preocupa que haya resistencia por parte de los niveles superiores de decisión del grupo.

–Los accionistas son gente muy inteligente, Daniel. No tendrán problemas en autorizar cambios radicales si les demostramos los beneficios y que las posibles consecuencias negativas son poco importantes.

Entran Miriam, Fernando y Pablo. Todos se saludan. Comienza la reunión.

Daniel propone: –Si están de acuerdo, podríamos repasar las conclusiones de la sesión pasada. ¿Qué dirías tú, Miriam?

–Lo estuvimos discutiendo esta mañana en la reunión de directores, con Marcelo. Hemos demostrado que el mecanismo que usamos para medir el rendimiento de cada unidad de negocio y para repartir el dinero que generamos induce en nosotros decisiones que perjudican al objetivo global del sistema y además nos mantiene en permanente conflicto.

–Muy bien, Miriam. ¿Qué más? –la alienta Daniel.

–El problema que tenemos es definir el nuevo mecanismo que reemplazará a los precios de compraventa, ya que las dos preguntas siguen existiendo y deben ser respondidas. Esta mañana nos convencimos de que, efectivamente, la decisión de reparto del dinero no nos corresponde. Nosotros podemos participar en el proceso de decisión aportando nuestro conocimiento de los mercados en donde operamos y las tendencias, pero los estrategas del grupo son quienes deben asignar los fondos.

Fernando retoma la idea de Miriam: –Sin embargo, aún no sabemos cómo medir el desempeño de cada unidad de negocio de manera que todos estemos dirigidos hacia el mismo objetivo común.

–Sabemos que los precios de compraventa van a seguir existiendo –intercala Pablo.

"Qué lástima. Hasta aquí, veníamos bien...", piensa Daniel.

Pablo advierte la expresión en el rostro de Daniel y se apresura a explicarle: –Formalmente, somos empresas independientes. Por lo tanto, es necesario tener balance general y estado de resultados individuales. Eso no significa que vamos a medir nuestro desempeño sobre esa base. Escogeremos precios de compraventa tales que optimicen nuestra planificación fiscal.

Daniel está sorprendido: –¡Han hecho los deberes! Muy bien, señores. Perdón... señorita y señores.

–Gracias –dice Miriam sonriendo.

–¿Y cómo les parece que podemos encontrar indicadores adecuados para las unidades de negocios? –pregunta Daniel.

–Hasta ahí llegamos por la mañana. No sabemos cómo responder a tu pregunta –señala Fernando.

–¿Para qué medimos? ¿Qué utilidad tiene? – pregunta Daniel.

–Nos permite saber cómo estamos. Se define un indicador, se establece el valor objetivo y se observa cuál es el valor real.

–Correcto, Pablo. Además, las mediciones son muy útiles para inducir en las partes los comportamientos que requiere el sistema para alcanzar su objetivo. –Siempre que cabe, Daniel repite la frase que tanto le gusta.

–¿Qué? –preguntan los tres a coro.

Daniel desarrolla la idea: –La mayoría de las personas nos comportamos según cómo nos miden. Por lo tanto, los indicadores de gestión inducen acciones en nosotros. ¿Qué significa que sean coherentes con el objetivo del sistema? Que inducen sólo las acciones que el sistema requiere. ¿Me explico?

–Perfectamente –aprueba Miriam.

–Por lo tanto, una forma efectiva de definir indicadores para un recurso o función es comenzar haciendo una lista de las acciones que el sistema requiere y de aquellas que deben evitarse. A continuación se definen unos pocos que, en conjunto, logran satisfacer ambas listas –termina Daniel.

–Es bastante diferente del mecanismo habitual – observa Pablo.

–Es verdad. Pero, ¿les parece lógico?

–Sí –confirman los tres. Por el momento Marcelo se limita a escuchar, sin intervenir.

–Sugiero que cada uno haga ambas listas para su unidad de negocios. Recuerden que el sistema es toda la corporación.

Los tres se abocan a la tarea. Daniel circula entre ellos y los ayuda individualmente cuando lo solicitan. También intercambian ideas entre sí. Luego de aproximadamente media hora, cada uno tiene sus listas terminadas.

–Muy bien. Sigamos. Ahora cada uno tiene que pensar en un conjunto de tres indicadores que sean capaces de incentivarlos a cumplir con las listas.

Se repite la dinámica. Esta vez, Marcelo también participa. Daniel contribuye con su experiencia previa.

–¿Cómo hacer que Miriam y yo trabajemos en equipo? –pregunta Fernando.

–Hay varias maneras de enfocar el tema. Una de ellas es preguntarse por dónde entra y por dónde sale el dinero del grupo. Entra cuando Miriam cobra lo que ha vendido. Sale cuando ella o tú pagan materias primas a empresas que no pertenecen a la corporación, o cuando pagan los otros gastos que tienen en sus respectivas unidades de negocios. Se puede actuar individualmente sobre los gastos, pero es necesario el trabajo conjunto para lograr vender y cobrar. –Daniel trata de ayudarlos a generar ideas.

–¿Me estás diciendo que debo usar la cobranza de Miriam para medir mi desempeño? –pregunta Fernando, muy sorprendido.

–Miriam debería usar toda la cobranza. En tu caso, sólo la de aquellos productos que contengan materiales que aporta tu unidad de negocios. Es igual que en mi caso –comenta Pablo, que parece estar comprendiendo el fondo de la cuestión.

–¿Y si ella comete errores de fabricación, ventas, o cobranza? –Fernando está desconcertado.

–El grupo no alcanza su objetivo. Lo mismo ocurre si tú los cometes. Ambos son eslabones de la misma cadena, para los productos que requieren de tus materiales –responde Pablo, que cada vez está más animado.

–Se comienzan a observar los efectos del indicador –tercia Marcelo–. Fernando se preocupa de lo que hace Miriam. Tendrá que colaborar con ella para minimizar la probabilidad de error. ¿Cómo logramos que suceda lo mismo, pero a la inversa?

–Además de colaborar para que el dinero ingrese, también hay que hacerlo para evitar que se escape. ¿Qué puede hacer Miriam para reducir los egresos de Fernando? –pregunta Daniel.

–Puede colaborar en el diseño del producto y establecer políticas de abastecimiento y de gestión de stocks basadas en las características de los procesos productivos de Fernando, entre otras cosas –aporta Pablo.

–Si es así, entonces Miriam debe ser medida por los egresos de Fernando que pueden ser afectados por sus acciones o no acciones –replica Daniel.

–De acuerdo. Entonces tenemos que definir indicadores para Miriam que tengan en cuenta la cobranza total y también el capital de trabajo y los egresos que son afectados por ella. Los elementos por considerar como parte del capital de trabajo o de los egresos pueden estar formalmente ubicados en los estados contables de su unidad de negocios o de otra –sintetiza Fernando.

–Y lo mismo ocurre contigo, Fernando. Tus indicadores deben tener en cuenta la cobranza que corresponde a productos que utilizan lo que produces y el capital de trabajo y egresos que son afectados por tus decisiones, sin que importe si forman parte de tu balance general y estado de resultados, o de los míos –completa la idea Miriam.

–De la misma manera se procede en mi caso –concluye Pablo.

–Interesante –murmura, pensativo, Marcelo.

–No puede ser. Algo anda mal. Vamos a contabilizar dos

veces los mismos ingresos y egresos. ¡Y hasta tres veces, por ejemplo, cuando se cobre un producto que utiliza materiales de Pablo y míos!

–Fernando tiene razón –dicen Miriam y Pablo, mirando a Daniel.

–¿Y eso es un problema? –pregunta Daniel, sorprendido.

–Sí. La suma de los ingresos individuales será mayor que el ingreso total. Lo mismo ocurre con los egresos –opina Marcelo.

–Sigo sin entender por qué es un problema. Nadie va a sumar los indicadores individuales. ¿Para qué querríamos hacerlo? –Los cuatro quedan ahora en silencio. Daniel les deja tiempo para pensar. Luego continúa: –Los indicadores de los elementos de una cadena de valor no tienen por qué cumplir con la propiedad aditiva. Se usarán para comparar el desempeño individual con relación a sus objetivos particulares, no para calcular valores globales.

–Tienes razón. Se nos había olvidado. De todos modos, sigue existiendo un problema –insiste Fernando. –Si mis productos que forman parte de un producto que vende Miriam representan sólo el 5% del costo total, ¿por qué se me asigna el precio total cobrado y no solamente el 5%?

–Cualquiera de las dos formas es buena, pero los cálculos son más simples si trabajamos con el monto cobrado en vez de usar un porcentaje. Recordemos que compararemos un valor real con un valor objetivo. Si trabajamos con valores totales, el objetivo se fijará sobre la base de valores totales. Si usamos fracciones del precio total, el objetivo se fijará sobre la base de fracciones. Es sólo un factor de escala. –Daniel se detiene. Nota cansancio en los cuatro. Él también se siente cansado. –¿Les parece que demos por finalizada la reunión y nos volvamos a encontrar dentro de unos días?

–Creo que es buena idea –acepta Marcelo–. Han surgido muchas ideas novedosas y necesitamos tiempo para digerirlas. ¿Por qué no hacemos una pausa hasta la semana que viene?

–Me parece bien. Sugiero que, basándose en lo hablado, cada uno piense en el conjunto de indicadores de gestión que considere más adecuado para su situación. Deben ser números, no conceptos, fáciles de calcular de manera rutinaria. ¿Les parece que nos veamos nuevamente el próximo miércoles?

Todos están de acuerdo.

Seis meses después. En la cena anual del grupo

–Ella es María.

–Mucho gusto, María.

–Encantada de conocerlo. Daniel me ha hablado mucho de usted, Marcelo.

–Y ellos son los otros integrantes del equipo. María, te presento a Miriam, Pablo y Fernando, de quienes también te he hablado.

Se saludan.

–Encantada de conocerte, María. ¿Cuántos meses de embarazo llevas? –pregunta Miriam.

–Ocho. En cualquier momento tendremos que correr al hospital.

–¿Cómo has llevado el embarazo?

–Bastante bien. Al principio estuve muy molesta, pero luego me normalicé. Además, Daniel ha estado sorprendentemente cariñoso conmigo.

–Él también ha aprendido de nosotros en estos meses, entonces –dice Fernando, sonriendo.

Todos ríen.

–¿Nos sentamos? –propone Pablo, quien también está acompañado.

Marcelo y su esposa quedan frente a frente con María y Daniel.

–Hace varias semanas que no nos vemos. ¿Tienes nuevos proyectos, Daniel? –pregunta Marcelo.

–Estoy trabajando con una empresa agroindustrial y con una de emergencias médicas. Ambos proyectos son muy atractivos. María está ayudándome en la parte de análisis cuantitativo y simulación.

–¿Necesitan hacer simulación?

María responde: –En el caso de la empresa de ambulancias, sí. El sistema debe estar dimensionado de manera de tener una alta probabilidad de llegar al paciente dentro del plazo previsto. Los retrasos pueden significar la pérdida de vidas.

Daniel continúa: –Nos ha impresionado el hecho de que resulta imposible asegurar que nunca haya un deceso. Se necesitarían infinitas ambulancias para tener ciento por ciento de cumplimiento. Estamos dimensionando el sistema para lograr el noventa y nueve por ciento.

–¿Qué porcentaje de cumplimiento tienen ahora? –pregunta Marcelo.

–No podemos decirlo. Es información confidencial. Como imaginará, es menor al noventa y nueve por ciento. Curiosamente –continúa, cambiando la dirección del diálogo–, entender esta problemática nos ha sido de gran utilidad en el proyecto agroindustrial.

–¿A qué te refieres? –se interesa Marcelo.

–El tiempo de tolerancia del consumidor en el caso de la empresa de emergencias médicas, con la tecnología actual, es de pocos minutos e inamovible. Sin embargo, hemos descubierto muchos casos en los cuales es inducido por el modelo de negocio –dice Daniel.

–¿Inducido por el modelo de negocio?

–Sí. Tomemos como ejemplo la industria del calzado. ¿Por qué existen zapaterías? Porque se supone que el producto debe estar disponible para que pueda ser vendido. Existen métodos destinados a maximizar la probabilidad de que en la tienda esté el zapato que el cliente quiere en el momento que lo pide. Implícitamente se está suponiendo que el tiempo de tolerancia del consumidor es cero –comenta María con entusiasmo.

–¿Y no es así? Si voy a una zapatería y no encuentro el modelo que quiero, entonces voy a otra del mismo centro comercial. Y así sucesivamente.

–Exacto. El modelo de negocio induce ese comportamiento en usted, pero en realidad su tiempo de tolerancia no es cero. ¿Cuánto tiempo transcurre desde que piensa en comprarse un par de zapatos hasta que lo tiene? –pregunta María.

–Meses –responde la esposa de Marcelo.

Los cuatro ríen.

–Hemos descubierto que así sucede normalmente. Es claro, entonces, que el tiempo de tolerancia no es cero, es de meses. Sentimos que es cero porque tenemos que trasladarnos a una tienda de zapatos para comprarlos. ¿Qué sucedería si alguien se los llevara a su casa? –María es profesora, no hay duda al respecto.

–Si me trajeran los zapatos a mi casa, entonces no tendría prisa.

–Es una de las razones por las que está creciendo el modelo de negocio de venta por catálogo. El cliente se queda cómodamente en su casa y recibe periódicamente la visita de un vendedor. El vendedor recoge el pedido, va a un centro de distribución, toma el producto escogido y vuelve a entregarlo. El ciclo se repite hasta que el cliente obtiene lo que quiere –detalla María

–Sería imposible que este modelo de negocio funcionara si realmente fuera cero el tiempo de tolerancia del consumidor –completa Daniel.

–Nunca lo había pensado de esta manera. –Marcelo hace una pausa y luego continúa. —Esto también puede ser útil para nosotros. Si entiendo bien lo que me están diciendo, el segundo modelo de negocio significa un cambio estructural en la cadena de suministro. Ya no hay necesidad de tener existencias en tiendas abiertas al público. ¿Sabes cuánto stock de nuestros productos hay en los puntos de venta adonde acuden los consumidores?

—Imagino que bastante más del necesario. La política actual de remuneración de los vendedores los induce a empujar los productos hacia los clientes, aunque no los necesiten. Es decir que la mayor parte de las existencias está en los puntos de venta, justamente donde la variabilidad es enorme con relación a los valores promedio de demanda.

—¿Has analizado nuestra política de remuneración a los vendedores, Daniel? —pregunta Marcelo, sorprendido.

—No en detalle. Hemos trabajado en el tema con Miriam y su equipo comercial. Descubrimos que nosotros mismos generamos los problemas de cobranza.

—¿Nosotros mismos?

—Sí. Dado que, como usted sabe, los vendedores son medidos y remunerados según su facturación mensual, tratan de que sus clientes les compren lo máximo posible, independientemente de cuánto necesitan en realidad. Como consecuencia, los stocks son empujados hacia donde la precisión en la estimación de la demanda es mucho menor. Por tal motivo, es alta la probabilidad de tener en un punto de venta productos que el mercado no quiere y faltantes de los que sí está demandando. Esta situación, que aparentemente es un asunto ajeno a nuestra empresa, nos afecta significativamente ya que el cliente no vende lo suficiente, tiene su capital de trabajo amarrado en inventarios y, como consecuencia, tiene problemas para cumplir con sus pagos. Como no nos paga a tiempo, no le surtimos productos y por lo tanto surgen dificultades para abastecerse de aquellos que sí se están vendiendo, lo que a su vez dificulta tener el producto adecuado en el lugar adecuado. ¿Se da cuenta del círculo vicioso en el que nos encontramos?

–Sí, lo entiendo perfectamente –asiente Marcelo–. Nuevamente los indicadores de gestión en acción. ¡Qué poco tiempo dedicamos a definirlos y qué importantes son!

–María y yo estamos cada vez más convencidos de eso. De hecho, hemos analizado nuestros proyectos fallidos y concluimos que los fracasos se debieron a no darle suficiente importancia a este tema.

Marcelo sigue: –Sería muy bueno poder incrementar el tiempo de tolerancia del consumidor en nuestra industria. Reduciríamos significativamente el capital de trabajo en la cadena y podríamos lanzar nuevos productos al mercado con mayor rapidez.

–Es sólo cuestión de analizar cómo modificar el modelo de negocio –tercia María.

–Pues espero que puedan dedicarnos unos días durante las próximas semanas. Quiero que lo intentemos. Estamos hablando de mucho dinero. –Marcelo tiene un olfato especial para identificar buenas ideas. –Ahora, si me disculpan, debo comenzar mi discurso. Este año será un placer pronunciarlo.

CIMIENTOS PARA CONSTRUIR SU PROPIO PUENTE

13. Tomar decisiones usando valores promedio es menos válido cuanto mayores sean la variabilidad y las interdependencias que hay en un sistema.

14. Para que un recurso pueda funcionar al ciento por ciento, es necesario que los otros tengan capacidad adicional.

15. No se debe exigir a un recurso que maximice su desempeño con relación a su capacidad individual, sino que actúe según lo que el sistema necesita de él.

16. En todo sistema existen sucesos dependientes entre sí y sucesos independientes entre sí. En el primer caso, la variabilidad negativa se acumula, y la positiva rara vez se aprovecha. En el segundo caso, en cambio, ambas se compensan.

17. No confundir la medición de unidades de negocios con los criterios de reparto del dinero que estas generan.

18. El tiempo de tolerancia del consumidor final muchas veces es inducido por el modelo de negocio que se está usando.

EPÍLOGO

¿REVOLUCIÓN O EVOLUCIÓN?

María y Daniel suelen utilizar el siguiente ejemplo como una posible explicación de los cambios producidos en las organizaciones durante los últimos cien años.

Imaginemos una fábrica textil a principios del siglo XX. Por simplicidad, consideremos que sólo producía faldas para señoras y pantalones para caballeros. En ambos casos, era un único modelo y color.

Cada producto tenía una línea de fabricación propia, lo que significa que un grupo de trabajadores hacía sólo faldas y el otro hacía sólo pantalones. Cada grupo podía confeccionar cien prendas semanales.

Así las cosas, Faldas y Pantalones eran dos subsistemas independientes, que podían administrarse de forma totalmente separada.

Ante los reclamos de los clientes por retrasos en las entregas, el dueño de esta empresa reunió a su equipo directivo para estudiar qué estaba pasando. Luego de hacer un rápido análisis, construyeron la tabla 9.

El responsable de producción dijo: –En la segunda semana hubo mucha demanda de faldas y no pudimos entregar todas. Tuvimos que entregar diez con una semana de retraso y diez con dos semanas de retraso. La alternativa hubiera sido entregar treinta con una semana de atraso. En cuanto a los pantalones, aún tenemos pendiente la entrega de diez que nos pidieron en la cuarta semana. Esto ocurre porque no me dejan tener reservas de producto terminado. Si me lo permitieran, habría fabricado más pantalones en la

Tabla 9. La tabla que construyó el equipo directivo

Semana	Demanda de faldas (unidades)	Máximo ritmo de producción de faldas (unidades)	Demanda de pantalones (unidades)	Máximo ritmo de producción de pantalones (unidades)
1	100	100	90	100
2	120	100	80	100
3	90	100	100	100
4	90	100	110	100

primera y la segunda semana, y podría haber cumplido con la demanda de la cuarta. Además, tampoco me dejan hacer horas extra. ¡Yo no puedo hacer milagros!

Carina, responsable de las finanzas de la empresa, respondió: –¡Ya te dije que no tenemos dinero para almacenar productos! ¿De dónde quieres que lo saque?

Julieta, responsable del área comercial, intervino: –El hecho es que podemos perder clientes por nuestros retrasos en la entrega.

El dueño de la empresa afirmó: –Tenemos que encontrar la forma de mejorar nuestro cumplimiento con los clientes sin almacenar existencias y sin hacer horas extra.

Tras un largo silencio, el dueño preguntó: –¿Qué pasaría si tenemos algunas personas capaces de fabricar ambos productos?

–Pues eso resuelve todo –dijo el responsable de producción, entusiasmado–. La demanda casi nunca supera las 200 prendas semanales. Qué buena idea.

–Hagámoslo –asintieron todos.

¿Era así de fácil?

La idea del dueño era excelente, ya que permitía aprovechar el fenómeno de agregación estadística. Se utilizaban mejor los recursos existentes y se lograba satisfacer toda la demanda. Pero, ¿era así de fácil? ¿No había que hacer nada más?

¡La empresa ya no era la misma! ¡Cambió completamente! ¡Faldas y Pantalones ya no eran dos subsistemas independientes! Comenzó a haber interdependencia entre ellos. Una vez puesto en práctica el cambio propuesto, lo que sucedía en Faldas afectaba a Pantalones, y viceversa. Por lo tanto, ya no podían administrarse de forma separada. ¿Consideraron modificar sus reglas de funcionamiento y de toma de decisiones para adaptarlas a esta nueva realidad?

Con el fin de aprovechar mejor sus recursos, desde hace varias décadas, las organizaciones se han esforzado por poner en práctica la idea sugerida por el dueño de esta empresa imaginaria. Ha sido una excelente decisión. Sin embargo, al hacerlo, aumentó la interdependencia entre los recursos y entre los subsistemas.

Hicieron algo necesario, pero no suficiente para lograr el objetivo. Aún está pendiente incorporar el pensamiento sistémico como marco conceptual para la toma de decisiones.

La realidad de las empresas evolucionó lentamente, no obstante los modelos mentales de sus integrantes aún no lo hicieron. De esta afirmación, estimado lector, surgen las tres importantes conclusiones que siguen.

- Será cada vez más necesario gestionar según el pensamiento sistémico, lo que significa que tarde o temprano tendrá que suscitar el cambio de mentalidad en su empresa.
- Cuanto antes lo haga, mayores serán los beneficios que obtendrá.
- Cuanto más se demore en realizarlo, menor será su probabilidad de supervivencia.

CIMIENTOS PARA CONSTRUIR SU PROPIO PUENTE

19. A mayor complejidad del sistema, mayor necesidad de tomar decisiones sobre la base del pensamiento sistémico.
20. Toda decisión que modifica la estructura de un sistema obliga a modificar los mecanismos de toma de decisiones.